I

HAUTE COUR DE JUSTICE
séant à Versailles.

———

AFFAIRE DU 15 JUIN 1849.

COMPLOT. — ATTENTAT.

———

RÉQUISITOIRES

PRONONCÉS

PAR M. L'AVOCAT GÉNÉRAL DE ROYER

AUX AUDIENCES
des 7, 8 et 10 novembre 1849.

———

EXTRAITS DU MONITEUR UNIVERSEL
des 8, 9 et 11 novembre 1849.

L

HAUTE COUR DE JUSTICE
séant à Versailles.

———

AFFAIRE DU **13** JUIN **1849**.

COMPLOT. — ATTENTAT.

———

RÉQUISITOIRES

PRONONCÉS

PAR M. L'AVOCAT GÉNÉRAL DE ROYER

AUX AUDIENCES
des 7, 8 et 10 novembre 1849.

———

EXTRAITS DU MONITEUR UNIVERSEL
des 8, 9 et 11 novembre 1849.

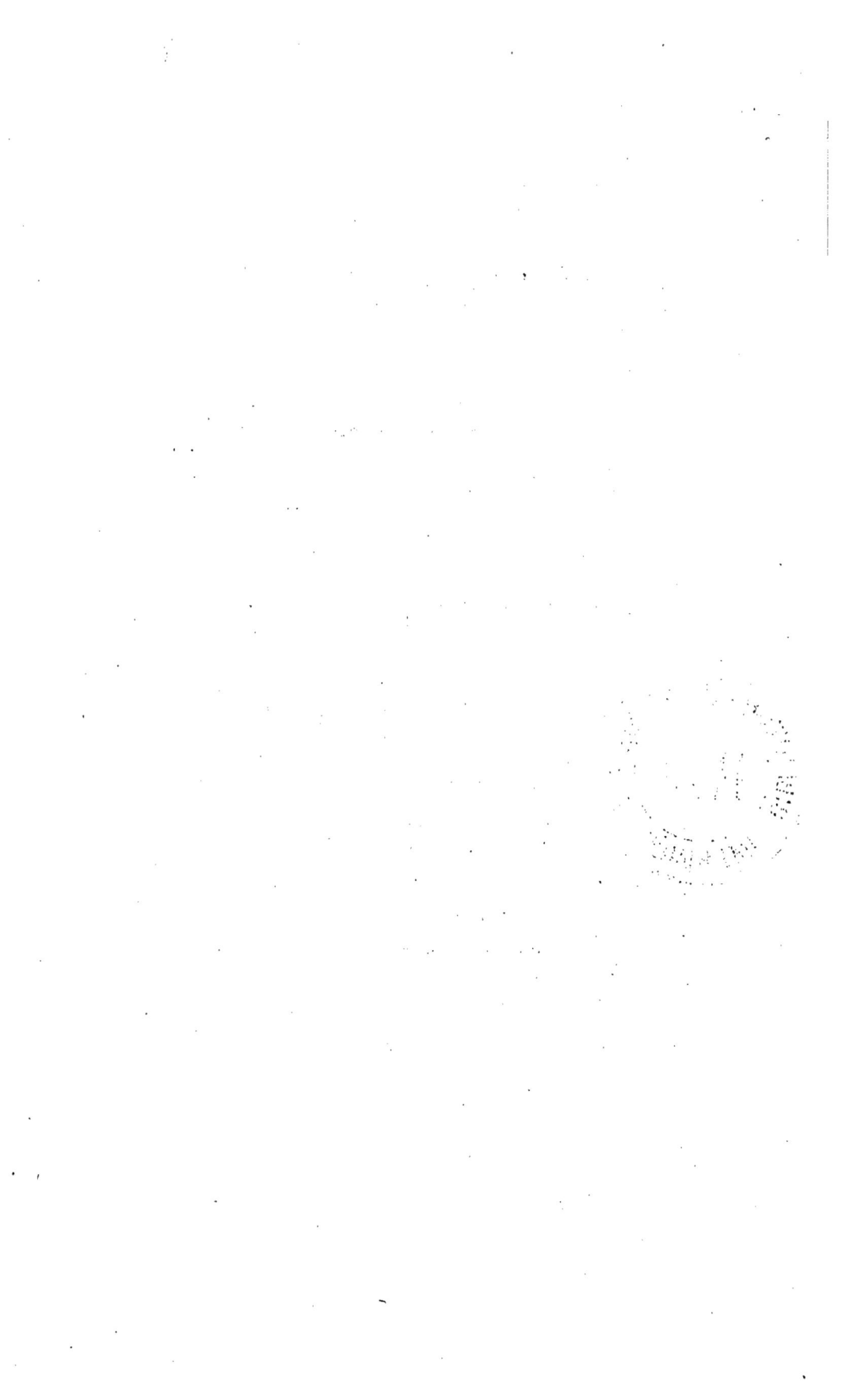

EXTRAITS DU MONITEUR UNIVERSEL
Des 8, 9 et 11 novembre 1849.

HAUTE COUR DE JUSTICE

SÉANT A VERSAILLES.

AFFAIRE DU 13 JUIN 1849.

COMPLOT. — ATTENTAT.

RÉQUISITOIRES

PRONONCÉS

PAR M. L'AVOCAT GÉNÉRAL DE ROYER

AUX AUDIENCES
DES 7, 8 ET 10 NOVEMBRE 1849 ;

PRÉSIDENCE DE M. BÉRENGER (DE LA DRÔME).

PARIS

TYPOGRAPHIE PANCKOUCKE

Rue des Poitevins 5

1849

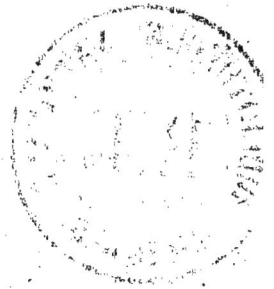

AFFAIRE DU 13 JUIN 1849.

COMPLOT. — ATTENTAT.

RÉQUISITOIRE

PRONONCÉ

PAR M. L'AVOCAT GÉNÉRAL DE ROYER

AUX AUDIENCES DES 7 ET 8 NOVEMBRE 1849.

1re PARTIE. — *Faits généraux.*

Messieurs les hauts jurés,

Nous venons remplir devant vous un devoir inattendu. Il appartenait au chef du parquet de la haute cour de reprendre devant vous les nombreux éléments de ce grave et sérieux procès, et de vous en présenter la discussion générale. Son absence me permet de vous dire que ce n'était pas trop, pour cette vaste et digne tâche, de l'élévation de son talent, et de l'autorité de son caractère. Les circonstances en ont décidé autrement. Nous recueillons sans faiblesse, mais sans illusion le rôle qu'elle nous ont fait. L'attention si intelligente et si dévouée, que vous n'avez cessé d'apporter à ces longs débats, nous laisse sans appréhension pour le sort de la vérité.

Trois questions sont à aborder dès le principe :

Y a-t-il eu dans le mois de juin un complot ayant pour but de détruire ou de changer le Gouvernement, ayant pour but d'exciter la guerre civile en armant ou en portant les citoyens à s'armer les uns contre les autres?

C'est là la première question.

Ce complot a-t-il été suivi d'actes commis ou commencés pour en préparer l'exécution ?

Y a-t-il eu, le 13 juin, un attentat commis dans le même but ?

Voilà l'ensemble, voilà le texte légal en face duquel nous nous plaçons, afin de ne pas nous égarer dans la discussion.

L'accusation d'avoir participé au complot pèse sur les trente et un accusés présents.

Celle d'avoir commis l'attentat pèse sur vingt-six d'entre eux. Elle est étrangère à Maillard et à Baune, de la commission des vingt-cinq ; elle est étrangère à Langlois, à Bureau, à Paya, qui représentent ici, sinon le comité de la presse, puisque Paya n'en est pas, au moins la catégorie de la presse.

Tel est, nous le répétons, le cadre du procès.

Parmi les circonstances nécessaires pour constituer le double crime dont nous vous entretenions tout à l'heure, il en est une qui est commune au complot et à l'attentat : c'est le but, le but, soit de détruire ou de changer le Gouvernement, soit d'exciter la guerre civile. Ce but une fois cherché, une fois reconnu, le complot est le projet, l'attentat est l'acte, l'attentat est l'exécution accomplie ou tentée ; c'est là la différence essentielle que vous avez à retenir, et qui devra souvent frapper vos souvenirs, quand vous aurez à classer tous les faits qui se sont déroulés depuis plus d'un mois devant vous.

Il y a complot, dit la loi, dès que la résolution d'agir est concertée entre deux ou plusieurs personnes ; tout acte commis ou commencé, non pas pour exécuter le projet, mais pour en préparer l'exécution, est une circonstance aggravante du complot. L'exécution ou la tentative constituent seuls l'attentat. Rien n'est plus clair que ces principes qui résultent des art. 88 et 89 du Code pénal, et qui résument la seule théorie de droit que nous ayons à vous présenter ici.

Commençons par le complot, et nous arriverons ensuite à l'attentat. Pour qu'une accusation de complot soit justifiée, il faut d'abord établir, nous vous le disions tout à l'heure, le but, qui est un des éléments constitutifs du crime ; il faut ensuite établir le concert, la résolution d'agir, qui, selon le texte du Code pénal, déterminent le moment où le complot reçoit son existence légale.

Ce but, vous le comprenez, s'attaquant au renversement du Gouvernement ou à la guerre civile que l'on allume dans le pays, il ne peut pas être l'œuvre d'un instant ni de quelques heures ; ce n'est pas un but soudain, un but improvisé ; ce n'est pas un but qui éclate par hasard : c'est un but longuement préparé, habilement préparé presque toujours, et vous comprenez que la nécessité de l'accusation est de le rechercher dans tous les faits où il se manifeste.

On a souvent abusé dans ce procès du reproche de *Procès de tendance;* eh bien, messieurs, permettez-nous de vous dire que c'est un mot qui ne s'applique pas à la cause ; c'est un mot emprunté à une législation spéciale, à une législation qui a disparu de nos codes. La loi du 18 mars 1822 avait créé ce qu'on appelait, en matière de presse, *les procès de tendance;* c'était une poursuite dirigée contre des articles qui, isolés, auraient pu rester inattaquables, et qui, par une série plus ou moins longue, arrivaient à ce qu'on appelait *la tendance* et tendaient à porter atteinte à la paix publique, au respect dû aux autorités ou aux institutions du pays, etc... Ce délit a disparu avec la loi qui l'avait créé. Il ne s'agit pas, dans ce procès, dans une accusation de complot dont la limite est tracée par la loi, il ne s'agit pas d'emprunter des mots qui n'ont plus de valeur pour essayer d'opposer aux poursuites des entraves qui n'existent pas. Nous avons donc non-seulement la liberté, non-seulement le droit de demander et de rechercher, dans les actes antérieurs, le but qui est nécessaire pour constituer le complot, mais nous ne pourrions pas discuter et établir l'accusation sans faire cette investigation, je n'ai pas besoin de vous le dire, dans la limite que votre raison seule nous imposerait, si nous étions assez malheureux pour l'oublier.

Maintenant nous rencontrons devant nous les catégories diverses des accusés.

La première, c'est le Comité démocratique socialiste des élections. Cette catégorie appartient au complot par l'*adresse à l'Assemblée nationale,* qui vous a été lue plusieurs fois, qui est signée par les membres de la commission des vingt-cinq, et qui a été publiée le 11 juin. Cette catégorie appartient encore au complot par la présence de plusieurs de ses membres aux réunions qui ont eu lieu le 11 et le 12, soit dans les bureaux de *la Démocratie pacifique,* soit dans ceux du journal *le Peuple.* Elle appartient à l'attentat par la présence établie, constatée, de plusieurs de ses membres au Conservatoire des arts et métiers.

Qu'est-ce que c'est que le comité démocratique socialiste des élections? Il est né d'une fusion du conseil central des républicains démocrates-socialistes et du congrès national. Le conseil central avait été créé au mois de novembre 1848; il avait été fondé rue des Fossés-Saint-Germain-l'Auxerrois, impasse Sourdis; il se composait de cent vingt membres. Le local avait été loué par André, qui a dépensé beaucoup d'activité dans l'organisation de ces comités successifs. Le conseil central avait pour secrétaire Pardigon, un des accusés absents; il avait pour membres, parmi les accusés, Servient, Songeon, Chipron, Morel, Madier de Montjau jeune, Duverdier. Le but, selon les accusés, selon

André surtout, aurait été un but purement électoral. Nous pourrions, quant à présent, nous abstenir de discuter ce point. Ce qu'il nous importe d'établir, c'est que le conseil central représentait, à partir du mois de novembre, une organisation complète et permanente ; mais nous devons ajouter qu'il n'avait pas uniquement pour but des élections à faire. Il avait pour but principal, et nous allons le démontrer, une organisation réelle de ce que les circulaires appelaient elles-mêmes le parti socialiste.

Pour vous convaincre en quelques mots à cet égard nous vous lirons seulement le préambule du manifeste du conseil central, manifeste daté du 29 novembre 1848.

« Le conseil central des électeurs républicains démocrates socialistes n'a point à faire, dans les circonstances actuelles, un programme, ni un manifeste, ni une charte, mais un simple résumé de l'opinion socialiste.

« *Les formules vraies viennent du peuple ; en 89 : Liberté, Egalité, Fraternité ; en 48 : République démocratique et sociale. Le peuple seul pourra formuler le socialisme par l'exercice complet et permanent de sa souveraineté.*

« La révolution de 48 est la révolution du peuple ; c'est la révolution de la fraternité contre tous les égoïsmes, de l'égalité contre tous les priviléges, de la liberté contre toutes les dominations : *Royauté, Sacerdoce, Capital.*

« Le socialisme vient accomplir cette révolution. Il vient apporter au monde cette bonne nouvelle : que bientôt il n'y aura plus de pauvres, et qu'enfin il y aura place pour tous au banquet de la vie. »

Nous trouvons plus bas :

« L'Etat, c'est le peuple se gouvernant lui-même. Le suffrage est universel et direct. Il doit être organisé.

« Le pouvoir un et indivisible est exercé, à titre de mandat, par une convention nationale, avec la distinction des trois fonctions législative, administrative et judiciaire.

« Le peuple se réserve la sanction de toutes constitutions et lois organiques. »

Plus bas encore :

« Nous avons dit nos principes ; nous n'avons pas à indiquer toutes les grandes mesures qui en assureraient l'avénement définitif.

« Les socialistes révolutionnaires connaissent le *mal* et le *remède*. Ils sauraient l'appliquer.

« Nous ne voulons indiquer aujourd'hui que les mesures particulières qui sont déjà dans le sentiment populaire et qui sont immédiatement réalisables sous l'empire même des hommes et des *choses qui nous sont imposés.* »

Voilà ce qu'on écrivait le 23 novembre, après le vote de la constitution.

MESURES PRATIQUES.

« — En vertu du principe de la solidarité des peuples et des races, secours à toutes les nations opprimées; *propagande morale, militaire et industrielle* pour la réalisation de la Liberté, de l'Egalité, de la Fraternité.

« — Appui immédiat aux peuples qui nous font appel ; guerre non de conquête, mais d'émancipation.

« — *La guerre révolutionnaire une fois terminée, fédération des peuples libres.* »

Sans pousser plus loin ces citations, nous trouvons dans un autre paragraphe de ce programme :

« — Suppression de la présidence.

« — Transformation des ministères. »

Et à la fin :

« *Nous n'avons indiqué que des mesures immédiates et d'une application facile.* Un gouvernement franchement contre-révolutionnaire pourrait seul les rejeter.

« Elles ne sont qu'un acheminement aux institutions nouvelles, et nous reconnaissons nous-mêmes ces mesures comme *insuffisantes* pour détruire entièrement

« *La misère, l'ignorance, l'usure.* »

A quelques jours de là, dans le mois de novembre encore, car la date du 25 novembre se trouve énoncée dans le corps de la publication, le conseil central des républicains démocrates socialistes des quatorze arrondissements du département de la Seine faisait aux électeurs un appel dont voici quelques passages :

« Citoyens,

« Raspail est le candidat présenté par le conseil central aux électeurs républicains démocrates socialistes de toute la France.

....

« En votant un président, les vrais socialistes veulent *détruire la présidence.* Pour cette œuvre, il faut un révolutionnaire sans illusions, sans défaillances ; le citoyen Ledru-Rollin n'est pas ce révolutionnaire.

« Vive la République démocratique et sociale.

« D'ALTON-SHÉE, *président.*

« PARDIGON, *secrétaire.* »

L'autre jour, à cette même audience, l'accusé André a fait déposer par un témoin, ou du moins a recueilli de ce témoin des pièces qui nous ont été communiquées, et d'où il résulterait que l'organisation du 9ᵉ arrondissement était à peu près complète, et aurait eu un but purement électoral. Il insistait surtout sur la minute manuscrite d'un avis donné ouvertement au préfet de police de la création de ce comité, et du local choisi. Nous avons vu effectivement cette minute. Elle contient un avis donné au préfet. Seulement nous devons dire qu'il n'y est question que du local du comité spécial du 9ᵉ arrondissement, rue de Jouy, n° 10. Quant à la réponse du préfet de police, elle est dans les faits qui vont suivre.

C'est à la date du 12 janvier que l'avis était donné, et, à la date du 19, on faisait dans le local du conseil central, impasse Sourdis, une perquisition qui amenait la saisie de différents papiers qui ont servi à établir une poursuite, dont le dossier a été communiqué à l'accusé André.

Sans entrer dans le détail de ces poursuites, nous vous dirons, comme résultat, que le 20 février on a renvoyé en police correctionnelle les personnes poursuivies à raison de ce conseil central, pour ouverture, sans autorisation, d'une réunion non publique ayant un but politique. Le tribunal correctionnel s'est déclaré incompétent. La cour a admis l'incompétence ; le pourvoi en cassation a été rejeté, et l'affaire en est restée là.

Le 26 février eut lieu la fusion du conseil central et de ce qu'on appelait le congrès national. Vous aurez, parmi les pièces qui passeront sous vos yeux, le procès-verbal qui indique les termes et l'esprit de cette fusion ; il nous est encore impossible, pour vous faire exactement connaître le Comité démocratique socialiste qui va naître, de ne pas citer quelques passages de ce procès-verbal, saisi chez l'accusé Pardigon.

Nous restons, vous le voyez, toujours dans le procès.

« La séance est ouverte, sous la présidence du citoyen Joly, à neuf heures moins un quart.

« Le citoyen Langlois, délégué par le Comité de la presse démocratique, rapporte que la presse démocratique s'est constituée en comité, à l'effet de concourir à la réalisation d'une fusion immédiate et réelle entre le conseil et le congrès. En présence des difficultés des circonstances actuelles, le comité a penché pour une constitution d'un comité central par la voie révolutionnaire, comme étant la plus rapide, ou, pour mieux dire, la seule possible.

« Ce comité a délégué les citoyens Hervé, Langlois, Teissier du Motay, à l'effet d'exposer ces conclusions et de déterminer la fusion d'une manière définitive, en apportant dans la délibération un élément nouveau et conciliateur. »

Nous voyons à la fin, relativement encore à l'accusé Langlois, qui est, comme vous le remarquez, le délégué du comité de la presse chargé d'obtenir cette fusion, nous voyons ceci :

« Le citoyen Langlois : La presse s'est donné pour mission de constituer l'unité au sein du parti, soit pour Paris, soit pour les départements, et de mettre à la disposition d'un comité qui serait l'unité toute son influence indispensable, du reste, à un comité, quel qu'il fût, qui se fonderait. »

Nous aurons à revenir en très-peu de mots sur cette mission, lorsque nous examinerons aussi la constitution du Comité de la presse.

C'est de là qu'est né le Comité démocratique socialiste. Nous trouvons, comme conclusion :

« Le citoyen D'Alton-Shée : concluons ; nous déclarons qu'il existe dès ce moment un comité fusionné révolutionnairement jusqu'aux comices électoraux. »

« Mis aux voix, adopté à l'unanimité. »

A la fin nous voyons :

« Songeon, D'Alton-Shée, Duverdier et Fossoyeux, commission pour répondre à la commission de la presse.

« Le comité prend le nom de *Comité démocratique socialiste des élections.* »

Voilà le comité démocratique socialiste des élections institué et naissant de la fusion du conseil central et du congrès national.

Le Comité démocratique socialiste appartient au procès. Bien qu'il ait subi encore une transformation dont nous vous entretiendrons tout à l'heure, pour devenir le Comité des vingt-cinq, il faut que je dise quelques mots du Comité démocratique socialiste proprement dit.

Le Comité démocratique socialiste se composait de 218 membres ; il réunissait les délégués des arrondissements et les délégués de la banlieue ; il avait une commission permanente de quinze personnes, dont il a été déjà question dans le débat ; il avait, en outre, une commission *des huit ;* cela a été établi.

Vous avez entendu l'autre jour donner lecture d'une lettre d'un sieur Bocquet, qui se plaignait qu'une portion de la commission des huit fût entrée en conférence avec la Montagne, avec le Comité de la presse, sans en avoir fait part aux autres membres de la commission.

Il y avait enfin une commission secrète de trois membres, dont nous trouvons la trace dans le procès-verbal de la séance du 13 mai, qui a été saisi chez l'abbé Montlouis, dont le nom a été souvent prononcé dans le procès : c'est la séance qui succède à celle où la commission des vingt-cinq a été nommée. Le siége de la société a été en dernier lieu impasse des Bourdonnais, nº 6. C'est là qu'il était encore à l'époque du 13 juin.

Ce comité, dont vous saisissez maintenant l'organisation, était encore en rapport avec les départements. On a saisi dans les pièces beaucoup de circulaires, des circulaires autographiées, une entre autres du mois d'avril, qui provoque la création de comités de départements. Elle a été saisie chez l'accusé Pardigon.

A la fin de cette circulaire, on trouve ceci : « Formez des comités de départements, d'arrondissements, de cantons; profitons de la lutte électorale pour centraliser nos efforts. »

Vous allez retrouver dans de nombreuses instructions, que nous ne citerons pas toutes, des termes qui indiquent assez nettement qu'il s'agit de profiter de la tolérance des périodes électorales pour organiser ce qu'on appelle le parti, pour centraliser les efforts, comme le dit la circulaire que nous venons de citer.

On organisait des centres d'arrondissements, des centres de banlieues. La commission permanente, qui fonctionnait avec une très-grande activité, vous allez voir combien elle prenait d'influence et d'importance, envoyait des orateurs dans les réunions électorales.

On est quelquefois revenu ici sur la circulaire qui parlait du pouvoir discrétionnaire de la société à cet égard. La commission qui désignait les orateurs était composée des accusés André, Baune et de l'abbé Montlouis.

Vous saisissez à merveille, messieurs, sans qu'on soit obligé d'insister sur ce point, quelle influence cette partie en apparence faible des pouvoirs de la commission exerçait sur l'organisation à laquelle on travaillait, et surtout sur la direction qu'on voulait imprimer aux esprits.

Ainsi dans ces réunions électorales qui, si nos mœurs politiques étaient ce qu'elles devraient être, seraient destinées à laisser chacun s'éclairer sur les affaires publiques, causer selon son bon sens, selon ses lumières naturelles des affaires du pays, on venait, sans le savoir, écouter un homme qui était envoyé en mission, en mission impérieuse, tellement impérieuse, que la circulaire porte qu'il n'est pas permis de s'en dispenser, et que si l'on s'en dispense on est déféré au comité.

C'étaient, en définitive, les agents actifs du parti qu'on distribuait ainsi dans le comité, qu'on choisissait comme on l'entendait, qui ne pouvaient pas ne pas aller aux réunions électorales où ils étaient envoyés, et qui ne pouvaient pas aller dans celles où ils n'avaient pas mission d'aller.

A la fin d'une autre instruction déjà rappelée, on trouve, à la date du 25 avril (presque toutes ces instructions émanent de la main de l'accusé André), on trouve cette phrase :

« Si vous ne mettez strictement à exécution ces instructions, le parti ne sera jamais organisé. »

Toutes les circulaires se terminent à peu près ainsi; il y en a une entre autres qui porte : « Songez qu'après le 13 mai, toute organisation deviendra impossible. »

Enfin, et ceci a sa gravité, la commission des trois membres, qui nommait les orateurs, convoquait directement les membres de la commission, soit des huit, soit des quinze, pour les réunions de la Montagne, rue du Hasard; on a saisi chez l'abbé Montlouis deux de ces circulaires qui sont jointes aux pièces; elles portent au bas : « Présence obligatoire. »

Ainsi cette commission, non-seulement envoyait dans les réunions électorales des orateurs qu'elle choisissait, mais elle convoquait elle-même ses membres pour assister aux réunions de la rue du Hasard et pour être mis en conférence avec ce qu'on appelle les membres de la Montagne.

Voilà, messieurs, pour l'organisation en quelque sorte matérielle.

Il y avait quelque chose de plus grave dans les actes du Comité démocratique socialiste, quelque chose qui démontre plus que tout que le but portait au delà du succès d'une candidature quelconque, c'est cet engagement dont on vous a parlé, qu'on vous a lu dans le cours des débats et qui constitue au premier chef une violation de l'art. 35 de la constitution; c'est en effet un mandat impératif, impératif dans les termes les plus absolus, imposé aux candidats qui voulaient obtenir la présentation et l'appui du comité :

« Le citoyen dont la candidature pour la représentation nationale est posée devant le Comité démocratique socialiste des élections du département de la Seine déclare à la face du peuple, par le seul fait de sa candidature,

« Adhérer sans restriction ni réserve d'aucune sorte aux cinq propositions suivantes :

« 1° La République est au-dessus du droit des majorités ;

« 2° Si la constitution est violée, les représentants du peuple doivent donner au peuple l'exemple de la résistance. »

Ici se trouvent, sur le manuscrit qui a été saisi chez l'accusé Chipron, les mots : « A main armée, » effacés dans les circonstances qui vous ont été racontées, qui ont été parfaitement saisies par vous, et qui sont complétement éclairées par deux lettres jointes au dossier, l'une du sieur Armand Lévy, l'autre de l'accusé Cœur-de-Roi. Il y avait eu discussion dans la commission. Les mots : « A main armée » avaient été soutenus par plusieurs des membres du comité ; ils avaient été adoptés par la commission. Mais il s'était agi de publier l'engagement, et nous avons sous les yeux les deux numéros du journal *le Peuple*, dans lesquels, effectivement, cette pièce a été publiée, à la date du 19 et du 21 avril, avec une petite modification ; les mots : « A main armée, » vous le comprenez, ne s'y trouvent pas, et ne pouvaient s'y trouver ; ils avaient été supprimés, ils avaient été effacés sur le manuscrit, mais, probablement, à une époque très-voisine de la publication ; car la deuxième publication, dans le journal *le Peuple*, est du 21 avril, et les deux lettres de démission que cette suppression avait entraînées sont précisément du 21 avril. Eh bien, vous allez savoir, par cette lettre d'Armand Lévy, pourquoi, en définitive, on avait supprimé ces mots.

« Citoyen président,

« Je vous prie de faire agréer au Comité démocratique socialiste ma démission de membre de la commission exécutive ;

« 1° Parce que, après avoir voté un principe énergiquement défendu puis abandonné par le citoyen Madier lui-même, on a annulé cette première décision, et, par suite, entravé la marche des élections démocratiques et sociales ;

« 2° Parce que le citoyen Madier a, de son autorité privée, et malgré ma protestation et celle d'autres membres de la commission, qui, du reste, n'a pas été consultée par lui, rayé les mots : « A main armée, » votés par le comité, et que, nonobstant violation de son vote, le comité a passé à l'ordre du jour.

« Si ma démission n'avait pas été arrêtée depuis plusieurs jours déjà (motif pour lequel je n'ai point pris part aux derniers actes du comité), je joindrais une dernière raison, celle concernant la réunion avortée des soldats.

« Si je me retire de la commission exécutive, je n'en reste pas moins énergiquement dévoué à la défense de la liste que le comité arrêtera.

« Salut fraternel.

« ARMAND LÉVY.

« 21 avril 1849. »

Une lettre fondée sur les mêmes causes est adressée au président par Cœur-de-Roi, l'un des accusés absents.

Ainsi, vous voyez que ces mots : « A main armée » avaient été présentés par un membre, et que lui-même les a ensuite retirés, puisque c'est là le motif de la démission d'Armand Lévy.

Vous voyez que la commission avait adopté, et que si on

a supprimé ces mots, c'est qu'il n'était pas bon de les publier. Ce qui nous donne la conviction que nous sommes dans le vrai, après les deux lettres que nous venons de lire, c'est qu'effectivement, bien que l'engagement n'ait pas été écrit dans ces termes, on ne l'en a pas moins vu exécuté, tenu, par un rapprochement qui ne vous échappera pas, dans la séance du 11 juin, lorsqu'après le rappel de cette convention, émané du Comité démocratique socialiste et publié dans les journaux du matin, le chef de la montagne, comme on l'appelait, annonçait à la tribune que la constitution serait défendue, même les armes à la main.

Vous voyez que les mots se retrouvent quand il faut les retrouver, et que ceux qui étaient sur la liste du Comité démocratique, que ceux qui subissaient cette loi et ce mandat impératif du Comité démocratique socialiste, ne tenaient pas compte de ce que la prudence avait pu conseiller pour la publication.

Je trouve encore dans cet engagement :

« 4° Le droit au travail est le premier de tous les droits ; il est le droit de vivre.

« La plus dure de toutes les tyrannies est celle du capital : la représentation nationale peut et doit poursuivre l'abolition de cette tyrannie.

« 6° Le rappel du milliard des émigrés est une mesure juste, utile, possible.

« Il déclare, en outre, souscrire, sans restriction ni réserve d'aucune sorte, les deux engagements suivants :

« 1° Il se désiste publiquement et d'avance entre les mains du comité de toute candidature dans le département de la Seine, pour le cas où il ne serait pas au nombre des candidats proposés au peuple par le comité ;

« 2° Si le candidat est l'objet d'une double élection pour l'Assemblée nationale, il consent que son droit d'option soit exercé en son lieu et place par le comité. »

Voilà, messieurs, la liberté que le comité démocratique socialiste faisait au candidat qui sollicitait une candidature : mandat impératif, et des plus impératifs, dans des circonstances, qui vont jusqu'à l'extrême, qui prévoient toutes les hypothèses ; mandat impératif à ce point qu'on fait souscrire en dernier lieu au candidat cet engagement d'aliéner au profit du Comité démocratique ses droits personnels d'option ; qu'il enchaîne ses sentiments et jusqu'aux liens de reconnaissance qui peuvent l'attacher à tel ou tel pays, à tel ou tel arrondissement ; qu'il accepte en un mot le plus complet des esclavages.

Maintenant, messieurs, il y a un second acte du comité qui se concilie peu, comme vous allez le voir, avec un but purement électoral, avec ces réunions préparatoires ayant sincèrement pour but de s'éclairer sur les candidats et de chercher, après tout, à prendre, là où on les trouve, les hommes sérieusement utiles au pays.

« Par délibération de la commission permanente, dit une lettre du 25 avril, toutes les réunions électorales sont suspendues jusqu'à nouvel avis. »

Que s'était-il donc passé ?

Le commissaire de police assistait aux réunions électorales ; il obéissait aux ordres qui lui avaient été donnés. La question fut déférée à la cour de cassation : elle maintint le principe, qui n'est pas nouveau ; elle déclara que l'autorité municipale avait le droit d'introduire un de ses délégués dans les réunions électorales. Immédiatement le comité proteste : il écrit d'abord cette circulaire, que je viens de vous lire, au nom de la commission permanente, et puis il écrit ceci dans le journal *le Peuple* :

Comité démocratique socialiste des élections.

AU PEUPLE.

« Il est des droits antérieurs et supérieurs aux lois posi-
« tives, et indépendants de ces lois. (Art. 3 de la constitution.)

« Le droit de réunion est un de ces droits. C'est en le revendiquant que le peuple souverain a fait la révolution de Février.

« Le droit de réunion électorale est la condition d'existence du suffrage universel, et le suffrage universel est l'exercice de la souveraineté du peuple. Qui frappe l'un frappe l'autre.

« La souveraineté du peuple, source de tout pouvoir, supérieure à toute autorité, ne souffre aucun contrôle, n'admet pas de surveillance.

« Le suffrage universel fait les gouvernements ; les gouvernements sont des serviteurs : les serviteurs ne surveillent pas le maître.

« La présence des agents du pouvoir dans une réunion électorale est un attentat. En forçant l'entrée des conseils du peuple, la police a violé la constitution.

« Le peuple a le droit de se lever pour la défendre ; mais il n'est point obligé de châtier la provocation à l'heure du provocateur. Il choisit son jour et ses armes.

« Le jour n'est pas venu. Le peuple se retirera et laissera au pouvoir le temps de réfléchir. Il ne veut pas qu'on l'accuse de préférer la victoire du sang à celle du suffrage.

« Illégale, entachée d'un vice irrémissible, une assemblée

législative nommée dans le silence du peuple ne serait pas l'assemblée d'une nation libre. »

Voilà, messieurs, comment le comité, qui prétend n'avoir été institué que pour organiser des réunions électorales, pose ses principes; voilà, comment, complétant l'engagement que nous lisions tout à l'heure, il entend régner en despote, et sur les candidats qu'il appelle devant lui et sur la société à laquelle il ne reconnaît pas le droit de surveillance qui lui appartient pour les intérêts les plus réguliers et les plus acceptés de toute nation civilisée.

« Les réunions électorales démocratiques socialistes resteront suspendues. — *L'autorité est mise en demeure.*

« Les royalistes et les faux républicains continueront de conspirer sous l'œil du commissaire de police, — les citoyens libres ne veulent pas d'un droit mutilé.

« Tout homme qui subit volontairement un abus de pouvoir en est complice.

« Celui qui désobéit aux décisions des délégués du peuple est un agent de scission, un déserteur. — Il est traître à la République, à la cause de la démocratie socialiste. »

Il est si vrai, messieurs, que le but électoral n'était pas le but unique, n'était pas, disons-le, le but sincère du Comité démocratique socialiste, qu'une fois les élections du 13 mai finies, à la séance du 14 on nomme une commission de vingt-cinq membres, dont quelques-uns sont aujourd'hui devant vous.

A cet égard, il s'est élevé plusieurs fois à l'audience des contestations de la part de l'accusé André. Il insistait dernièrement pour établir que le Comité des vingt-cinq était tout simplement une commission de liquidation du passé du Comité démocratique socialiste. Organisé comme l'est ce comité, avec sa permanence, avec sa commission permanente, avec ces subdivisions par département, par arrondissement, par canton, vous jugez déjà si c'est là un comité qui doit s'évanouir le jour où les élections seront finies, pour ne reparaître ensuite qu'à propos d'élections et avec ce caractère accidentel qui est celui des réunions électorales, et même des comités qui préparent ces réunions.

Mais pour discuter plus complétement cette question, en très-peu de mots d'ailleurs, et pour répondre à l'accusé André, ce qu'il y a de mieux à faire, c'est de lire le procès-verbal de la séance du 12 mai ; c'est une pièce saisie chez l'abbé Montlouis, qui était le secrétaire du comité socialiste en ce moment. Nous voyons que la séance est présidée par l'accusé Duverdier :

« Les citoyens Songeon, Gouache, Martin, Dussardier et plusieurs autres font des communications.

« Le citoyen Gouache rend compte de la séance de l'As-

semblée nationale de ce jour ; l'assemblée, en entendant rapporter les trois votes déplorables de la majorité des représentants, témoigne par un silence significatif l'indignation qu'elle
éprouve de cet inqualifiable abandon de tous les principes de
notre glorieuse révolution de Février, trahie par ceux-là
mêmes qui lui avaient juré fidélité le 4 mai. »

Le compte rendu fait allusion au vote du 11 mai, qui
comprenait l'ordre du jour sur la question d'Italie, et le refus de renvoyer aux bureaux une des propositions de mise
en accusation du président et des ministres.

Voilà qui n'est pas très-électoral jusqu'à présent.

« L'ordre du jour appelle la nomination d'une commission qui sera investie des pouvoirs du comité pour continuer
son œuvre. »

Comme la période électorale était finie, au lieu du comité
constitué en comité d'élection, on créait cette commission
des vingt-cinq qui effectivement n'a pas cessé d'exister.
Mais c'est si peu, comme le disait l'accusé André, pour apu-
rer les comptes du Comité démocratique socialiste, et préparer les élections partielles du 8 juillet que personne ne
prévoyait encore le 12 mai, que nous voyons l'accusé
André lui-même prendre la parole, et s'exprimer dans un
sens tout autre :

« L'orateur, avec son talent ordinaire, démontre la nécessité de cette commission pour relier Paris avec les départements ; il dit que l'esprit politique de la province est encore
bien arriéré, mais que cependant il tend à progresser, à se
rallier au socialisme.

« Il se plaint de ce que, dans presque tous les départements, il n'existe pas d'organisation sérieuse, et il prouve par
des arguments que le succès de notre cause dépend de l'affiliation de Paris avec les départements ; il montre les puis-
santes ressources pécuniaires qui sortiront de cette affiliation ;
il ajoute qu'il ne faut pas négliger la question d'argent, car
l'argent est le nerf de la guerre. »

Enfin nous voyons un autre membre qui prend la parole,
le citoyen Thavenet.

« Il demande que cette commission soit composée d'hommes révolutionnaires et dévoués corps et âme à la République, d'hommes qui marchent sur les traces de Barbès, de Raspail, de Blanqui.

« Ces paroles de l'orateur sont accueillies par les applaudissements de l'assemblée. »

Il est certain (il ne faut rien forcer) que cette commission
des vingt-cinq est une commission politique ; que le comité
électoral socialiste a pour but l'organisation du parti socialiste, qui profite, comme il le dit lui-même, de la période élec-

torale pour se constituer, et qui ajoute que, lorsque cette période sera terminée, il n'aura plus sa liberté d'action. Eh bien, dans ce moment où il est obligé de s'effacer, il nomme une commission de vingt-cinq membres pour *continuer son œuvre* comme il le dit; et l'on demande que dans cette commission entrent des *hommes dévoués corps et âme à la République, qui marchent sur les traces de Barbès, de Raspail et de Blanqui.* C'est là ce qu'on appelle dans ce parti le dévouement à la République.

Voilà cette commission, la voilà en fonction, elle est présidée par l'un des accusés, l'accusé Servient.

Voici le premier acte qu'elle fait à la date du 25 mai, c'est un manifeste publié par deux journaux, *le Peuple* et *la Vraie République,* il est ainsi conçu :

AU PEUPLE.

Le Comité démocratique socialiste des élections.

Citoyens,

L'exaltation dans le triomphe, le découragement dans la défaite, sont des sentiments indignes d'hommes courageux et libres.

A ceux qui vous diront : Dix socialistes sur vingt-huit candidats, c'est une défaite ! répondez : *Deux millions neuf cent quatre-vingt-cinq mille votes* socialistes contre trois millions quarante-trois mille votes monarchiens de toutes couleurs, c'est une victoire !

La réaction elle-même, si habile à prendre tous les masques, la réaction atterrée a confessé sa détresse.

Ne sait-elle pas que la misère a exilé de nos murs trente mille ouvriers que l'ordre contre-révolutionnaire ne pouvait plus nourrir.

Ne sait-elle pas que, par les manœuvres des ministres Faucher et Falloux, ces artisans de guerre civile au 23 *juin* et au 29 *janvier,* les citoyens de l'armée n'ont pas exercé librement le plus sacré des droits? »

Il y a encore une assez longue tirade que je vous épargne; viennent ensuite les signatures : André, Aimé Baune, Bertrand Espony, Caron, V. Chipron, Chardon, Cœur-de-Roy, Delbrouk, Dubois, Dufélix, B. Duverdier, Philippe Faure, Fribourg, Floriot, Grandmesnil, Larger, Maillard, Magnan, Madier de Montjau jeune, Morel, F. Pardigon, Rouveaux, Servient, Songeon, Tessier-Dumotay.

Ce sont les vingt-cinq membres de la commission.

C'était le 26 mai que cette publication paraissait dans le *Peuple* et la *Vraie République.* Le 28 mai, l'Assemblée législative prenait séance.

Laissons maintenant le Comité démocratique socialiste ; nous ne vous avons dit que ce qui pouvait servir à vous éclairer sur ce qu'était son organisation, organisation permanente, organisation qui est tout autre chose qu'une organisation purement électorale. Nous passons au Comité de la presse.

Ici nous sommes obligés de vous rappeler, toujours au point de vue de l'organisation, ce que nous vous lisions tout à l'heure dans le procès-verbal du 26 février 1849 ; ce procès-verbal constate que l'accusé Langlois était envoyé comme délégué de la presse pour obtenir la fusion complète du conseil central et du congrès national. L'existence du Comité de la presse est donc une chose certaine, elle est prouvée déjà à cette date du 26 février par un acte qui appartient à l'accusé Langlois ; seulement ce mot de comité de la presse, qui figure dans le procès, demande une explication et une distinction qui ont été déjà faites dans vos esprits, nous n'en doutons pas.

Vous savez que le Comité de la presse ne comprenait pas tous les membres de la presse. C'était, à vrai dire, et il accepte lui-même cette qualification, il se la donne, le Comité de la presse démocratique et sociale ; c'était la réunion des organes du parti socialiste et du Comité électoral démocratique socialiste ; il faut faire cette réserve et ne pas comprendre sous ce titre de Comité de la presse, cette liberté qui nous est chère à tous ; il ne faut pas prendre ce titre dans un sens général, lorsque ceux qui l'acceptent le prennent dans un sens restreint, exclusif. Non, la presse tout entière n'était pas là ; il n'y avait de représenté que les organes de certaines doctrines.

Il est bien entendu que le comité de la presse (et nous trouvons cette expression dans *la Réforme* elle-même, à la date du 4 avril à propos du programme des élections) est le Comité de la presse démocratique et sociale.

Ce Comité, ainsi organisé, a été constitué, non pas d'une manière très-régulière, mais enfin d'une manière incontestable, et, à l'époque du procès, il se composait des journaux *la Réforme*, *la Démocratie pacifique*, *la Vraie République*, *la Révolution démocratique et sociale*, *le Peuple*, *la Tribune des peuples*, *la République* et *le Travail affranchi*, etc. Mais l'action principale appartenait aux six premiers journaux que nous venons de nommer. Ce sont précisément ces journaux, nous le ferons observer en passant, qui ont été saisis et suspendus, le 13 juin, pour avoir publié le 12 et le 13 les pièces capitales du procès que vous avez à juger, c'est-à-dire les déclarations de la Montagne et des quatre comités, et diverses autres déclarations sur lesquelles il faudra bien que nous revenions.

Ainsi voilà le véritable état du Comité de la presse ; vous l'avez entendu expliquer par les témoins qui ont comparu devant vous. Un témoin qui s'est nettement expliqué sur ce point, et qui l'a fait, nous devons le dire, avec un accent qui a paru sincère à tous, c'est le témoin Chatard. Il a raconté comment s'était organisé le Comité de la presse ; il a dit loyalement que, s'il n'avait pas eu une organisation plus régulière, plus positive, c'est qu'il avait craint de se donner l'apparence d'une société secrète, mais qu'enfin il était en mesure de suffire à tout ce qu'on lui demandait : qu'il était convoqué quand il le fallait ; qu'on trouvait ses membres quand il le fallait ; qu'il avait certaines missions. Il vous a bien parlé de quelques décisions d'intérêt privé ; mais la mission principale était de propager les doctrines du Comité démocratique socialiste dont nous vous avons entretenus. Il y avait accord entre ces deux comités. Le Comité de la presse servait d'intermédiaire, de lien pour toutes les communications ; et la presse était l'écho, le programme de tout ce que le comité socialiste avait à faire parvenir à ce qu'il appelle son parti. Ils ont marché ensemble, cela est positif, cela est établi ; vous avez entendu, comme nous vous le disions tout à l'heure, non-seulement M. Chatard, mais aussi, sur les diverses constitutions du Comité de la presse, le témoin Toussenel.

Dans *la Réforme* du 5 avril on voit un programme de la presse démocratique et socialiste qu'il est inutile de vous lire, mais qui constate encore l'existence de ce comité :

« Les organes de la presse démocratique et sociale, réunis en commission, ont arrêté le programme suivant, où sont exprimés les principes qui leur sont communs. »

Vient le développement des principes, que nous ne lirons pas.

Enfin, nous avons dans le dossier même de l'affaire, une lettre signée d'Henri Delescluze, frère du rédacteur en chef de *la Révolution démocratique et sociale*, adressée au secrétaire du Comité démocratique et socialiste, à l'accusé Duverdier.

De cette lettre, datée du 9 mai, résultent très-positivement, non pas seulement le fonctionnement, si je puis m'exprimer ainsi, du Comité de la presse, que quelques-uns de ses membres prétendent n'avoir jamais existé régulièrement, mais le lien et les relations qui existaient entre le Comité démocratique et socialiste et le Comité de la presse.

2

Voici cette lettre :

« Citoyen,

« J'ai reçu, le 5 mai, une lettre de vous contenant une demande de provoquer une réunion de la commission de la presse. J'ai prévenu le citoyen Ribeyrolles, rédacteur en chef de *la Réforme*. Je vais écrire un mot à *la République* et à la *Vraie République ;* il vous restera à en prévenir *la Démocratie* et les autres journaux.

« La réunion sera, s'il vous est loisible, pour demain soir, huit heures.

« Salut et fraternité.

« *Pour le rédacteur en chef,*
« HENRI DELESCLUZE. »

Ainsi, vous voyez par cette lettre, qui n'est qu'un exemple, qui a été saisie chez l'accusé André et qui est datée du 9 mai, vous voyez que, sur la demande du secrétaire du Comité démocratique socialiste, on convoque la commission de la presse. Effectivement, comme nous vous le disions tout à l'heure, le but des comités, le but des programmes du parti, c'était l'organisation du parti.

Nous n'avons pas, quant à présent, à en tirer d'autres conséquences ; nous devons seulement, parce que ces détails n'ont pas pu résulter, quelque fastidieux qu'ils soient, des témoignages que vous avez entendus, nous devons vous montrer quelle puissance empruntait cette organisation à la double action combinée des réunions électorales, et de l'instrument de la presse.

Tel était le Comité de la presse, qui se réunissait soit aux bureaux de *la Démocratie pacifique*, rue de Baune (c'était un des lieux les plus habituels de réunion), soit rue Coq-Héron, aux bureaux du *Peuple* ou de *la République*.

Le but de ces deux comités, qui forment les deux premières catégories de l'accusation, catégories que nous considérons en masse, sans nous expliquer, quant à présent, sur les individus, ce but, vous le voyez, est un but commun, un but d'organisation de parti, beaucoup plus qu'un but passager et purement électoral.

Maintenant, il faut que nous fassions quelques pas en arrière pour vous représenter l'état réel des projets, ou, pour me servir d'un mot plus légal dans la thèse que j'examine, le but réel du parti qui avait ces comités pour centres d'action.

Le parti socialiste avait eu deux défaites qu'il avoue.

En juin 1848, il avait eu une défaite par les armes ; alors il ne la prenait pas pour lui. Depuis lors, dans des publications nombreuses émanées de ses organes habituels, il a pris en main la cause qui avait succombé en juin 1848, luttant alors, cela est permis à dire, contre des hommes qui, à coup sûr, ne pouvaient pas être suspects dans la défense de la République, de la République organisée, de la République qui n'est pas la révolution sociale, de la République de l'ordre, comme on l'appelle quelquefois, et je crois que c'est un des plus beaux noms qu'on puisse lui donner.

Une seconde défaite, qui a été peut-être plus grave, c'est l'élection du 10 décembre. A partir de cette élection, qui avait réuni sur un nom 5,472,000 suffrages, il y a eu nécessairement une infériorité immense pour les doctrines socialistes. A partir de ce moment, c'est là un fait historique qui ne dépasse pas les appréciations que nous avons à faire ici, et qui a été observé par tout le monde, il y a eu une fusion entre ce qu'on appelle, dans le parti, les démocrates purs et les socialistes.

Alors, il y a eu une marche commune vers un but commun, qui va ressortir de différents faits.

Il fut alors convenu, c'est encore un fait avéré, notoire, que le parti prendrait telle ou telle attitude, selon qu'il craindrait, disait-il, pour la République ou pour la constitution entendue probablement comme il l'entend aujourd'hui. Ce fut un programme notoire, éclatant pour tous, et, pour nous servir d'un mot plus juste, plus caractéristique, ce fut un mot d'ordre du parti. Les preuves du fait ne manquent pas, à partir de cette époque, et j'ai le droit de le dire maintenant que je l'ai expliqué, à partir de cet échec subi par le parti socialiste, dans l'élection de la présidence.

On avait fondé quelques jours auparavant, une association dont vous avez entendu parler quelquefois et qui a été arrêtée depuis par des poursuites encore pendantes ; je veux parler de l'association de la *Solidarité républicaine*. Il est impossible de toucher au fond de ce procès sans vous dire quelques mots de cette vaste organisation, de cette vaste association qui n'a pas eu le temps d'étendre toutes ses ramifications, parce qu'elle a été arrêtée par des poursuites qui sont devenues nécessaires ; mais il est impossible, je le répète, que vous n'en connaissiez pas les bases.

Elle avait fait adopter ses statuts en novembre 1848 ; elle avait été fondée à cette époque, et avait à Paris son conseil central ; elle organisait des comités de départements, d'arrondissements, de cantons ; elle avait dans ses statuts un article ainsi conçu :

« Art. 23. Tous les mois au moins, et le 25 au plus tard, les comités de départements, après avoir recueilli les avis des comités d'arrondissements et de cantons, adresseront au comité central un état de situation contenant des renseignements précis sur les besoins et les dispositions des populations, sur la conduite des fonctionnaires, sur les manœuvres des partis, sur tout, enfin, ce qui pourrait éclairer l'action du comité central et intéresser la cause démocratique et sociale. »

Cet article est fort clair, fort net; ce sont des statuts publics. Vous voyez que c'est comme on l'a dit, et le mot ne nous paraît pas exagéré, c'est une sorte de gouvernement dans le gouvernement. Les circulaires l'expriment; c'est un personnel que l'on se crée d'avance; on le dit, non pas dans les statuts publics, mais dans les lettres qui sont moins destinées à la publicité. Il y avait dans le conseil, et c'est pour cela que nous en parlons, douze des accusés du procès actuel. Le président, c'était l'accusé Martin-Bernard : le fondateur et le secrétaire général était l'accusé Delescluze, rédacteur en chef de *la Révolution démocratique et sociale*; enfin les accusés Ledru-Rollin, Fargin-Fayolle, Deville, Gambon, Félix Pyat, Menand, Servient, Napoléon Lebon, Ribeyrolles et Lemaître, appartiennent tous à la Solidarité.

Le 31 janvier 1849, les membres de cette association ont été poursuivis pour délit de société secrète. Vous comprenez, messieurs, que ce procès ne vous est pas déféré et que nous n'avons pas à vous en développer ici les détails. Nous nous hâtons de vous dire qu'à la date du 26 octobre dernier le renvoi devant la cour d'assises de la Seine a été prononcé contre neuf des prévenus. Parmi ces neuf prévenus se trouvent l'accusé Charles Delescluze et l'accusé Lemaître, ici présents.

Mais il faut que vous connaissiez le but de l'association. Il y a, dans les pièces qui devront vous être remises, deux lettres qui ont une grande importance et dont il faut que vous me permettiez de vous donner en partie connaissance. Toutes deux appartiennent au registre saisi dans les bureaux de *la Révolution démocratique et sociale*, suivant procès-verbal du 20 mars 1848. La première est adressée par l'accusé Delescluze à Montflanquin (Lot-et-Garonne), à M. Léopold Deytier; elle est datée du 26 décembre; on y lit le passage suivant :

« Fondateur de la *Solidarité*, j'ai plus que personne le désir de faire produire à cette organisation tout ce qu'on peut en attendre, et désormais je vais donner une bonne partie de mes journées à son développement.

« Il n'est que trop vrai, la bataille peut se présenter demain pour nous, et il est important que la victoire ne nous prenne pas au dépourvu. A mes yeux, la *Solidarité* doit nous mettre à même d'organiser dès à présent le gouvernement révolutionnaire. Tout cela, cependant, est soumis à une condition : c'est que l'union s'établisse parmi les nuances du parti démocratique ; sans cela, qui sait ce qui sortirait de la victoire ? Il est donc de toute impossibilité de créer aujourd'hui même un gouvernement central. Quant aux départements, l'élection servira à nous faire connaître les citoyens auxquels il est permis d'avoir confiance, et par la *Solidarité* nous arriverons promptement à ce résultat. Il reste encore à savoir cependant si, pour l'administration supérieure des départements, il ne sera pas utile de choisir des étrangers et de faire ainsi un échange entre les patriotes classés parmi les meilleurs, pour envoyer dans le nord ceux du midi, et réciproquement : ce serait les enlever à des obsessions redoutables et les affranchir de ces rivalités qui poursuivent tout fonctionnaire quand il est nommé dans sa localité. »

Vous voyez que tout est prévu, qu'on prévoit même le moment où on aura à organiser sur des bases générales l'administration de la France.

« Quant à l'organisation légale, nous serons en mesure. Le travail se fait en ce moment, et j'espère que bientôt il va être publié.

« Nous comptons sur l'insuffisance des ressources financières actuelles pour accélérer notre triomphe, et vous concevrez que notre première pensée a été de porter notre examen sur ce point.

« Je crois que vous n'êtes pas juste envers le manifeste de la montagne. Avec les principes qu'il contient, toutes les améliorations sont possibles, et il est douteux pour moi que le tempérament de la société actuelle puisse supporter le complet développement de ce manifeste.

« Est-ce à dire que je le préfère à la Déclaration des droits ? Nullement. C'est l'arche sainte, et la constitution de 93 n'a évidemment besoin que de quelques modifications rendues nécessaires par le progrès. Je suis donc, comme vous, très-partisan de replacer au sommet de notre République la Déclaration des droits et la constitution de 93 : c'est, comme le disait la charte de Louis XVIII, le moyen de renouer la chaîne des temps et le respect de la tradition a une valeur incontestable.

« Quant à présent, cependant, et comme base de discussion, il n'est pas inopportun d'accepter le programme de la Montagne et d'en faciliter toutes les conséquences.

« Voilà comment nous entendons opérer après une révolution nouvelle :

« Promulguer la Déclaration des droits et la constitution
de 93, légèrement modifiée ; provisoirement, une dictature
révolutionnaire, résumée dans un comité de salut public et
s'appuyant sur un comité consultatif composé d'un délégué
de chaque département. Les listes de la *Solidarité* compléte-
raient l'organisation politique, et dix décrets suffiraient pour
donner à la révolution toute la force dont elle aurait besoin : tout cela se fait ou se prépare ; ne craignez donc
rien. »

Le manuscrit de cette lettre transcrite sur un registre, est
dans les pièces saisies au journal *la Révolution démocratique
et sociale ;* il est de la main de l'accusé Delescluze.

A la suite de cette lettre le registre en contient une du
président de l'association, de l'accusé Martin-Bernard. Celle-
ci est du 27 décembre; elle est adressée au citoyen Dus-
surger, président du comité central des démocrates progres-
sistes du Rhône.

« A l'œuvre donc, dit l'auteur de la lettre, la position n'est
pas mauvaise. La venue du Bonaparte nous procure deux
avantages : le premier, c'est que Cavaignac soit mort et
enterré ; le second, c'est de nous mettre de suite en
présence d'un danger qu'il nous fallait toujours subir tôt ou
tard, et mieux valait que ce fût de suite, car le Bonaparte
n'est pas un personnage sérieux ; car avant peu, quand l'en-
gouement du peuple pour le nom magique de Napoléon sera
passé, la nullité de ce *porteur de nom* apparaîtra à tous,
même à nos pauvres frères aveugles des campagnes, tandis
que si notre candidat, par impossible, fût arrivé immédiatement, c'est la Montagne, c'est la démocratie tout entière que
le peuple eût accusée peut-être des misères de la situation.

Ne nous affligeons donc pas outre mesure de notre *défaite ;*
elle nous donnera le temps de nous ménager un triomphe
définitif; si nous avons reculé au 22 février, ce sera pour
revenir à *un 24 février plus complet.*

Le résultat est certain si nous savons nous unir, former
faisceau ; si nous savons comprendre que, pour notre parti,
la question va devenir une question d'être ou de n'être pas.
Dans ces graves conjonctures, il faut le dire, jamais pensée
ne fut plus grande et plus féconde que celle de la *Solidarité.*
Avec cette association, nous pouvons relier les tronçons épars
de la démocratie, nous pouvons former une armée redoutable, d'autant plus redoutable qu'elle sera plus pacifique et
plus légale, dans l'acception la plus stricte *de leur* constitution. Il faut, en un mot, que notre *Solidarité* couvre la
France ; que pas une commune de la République ne soit
privée de son action centralisatrice, pour qu'au jour pro-
chain où la France, *pour se sauver,* sera obligée de se jeter
dans les bras de la vraie démocratie, nous trouvions un *per-*

sonnel tout créé, pour que, au moins, nous ne manquions pas, sinon d'hommes, au moins de renseignements positifs sur les hommes, comme au 24 février.

En présence *d'un si grand but,* que pas une concession envers nos frères dissidents ne coûte à notre amour-propre pour amener l'union entre toutes les fractions de la démocratie. Ici nous avons déjà donné et nous saurons donner encore l'exemple de l'abnégation de toutes rancunes personnelle. Union des démocrates purs aux socialistes. »

Vous voyez que ce n'était pas une interprétation qui nous fût personnelle quand nous disions tout à l'heure que l'on organisait le parti ; que l'on faisait les concessions nécessaires à ceux qui s'appelaient démocrates, pour conclure l'alliance avec les socialistes. On voulait lutter ensemble à l'aide de ces différents centres d'action ; on voulait marcher de concert et d'un commun accord.

Maintenant, vous vous rappelez que, dans la première des lettres que nous vous avons lues, on signale comme l'arche sainte la constitution de 1793, ce qui n'est pas un très-grand respect pour la constitution de 1848. On dit qu'en cas d'une nouvelle révolution, on opérera (c'est le mot dont on se sert) en promulguant immédiatement la constitution de 1793.

Permettez-moi de rappeler, à cet égard, à vos souvenirs quelques très-courts passages qui vous montreront l'énorme différence qu'il y a entre la constitution de 1793, qui ne fut jamais exécutée, puisqu'elle fut remplacée plus tard par celle de l'an 3, et la constitution de 1848, constitution que nous appelons un progrès, nous et tous ceux qui donnent à ce mot sa véritable valeur.

« Art. 26. Aucune portion du peuple ne peut exercer la puissance du peuple entier. »

C'est un principe consacré par la constitution de 1848. « Mais, dit la déclaration des Droits de l'homme et du citoyen, chaque section du souverain, de l'assemblée, doit jouir du droit d'exprimer sa volonté avec une entière liberté.» Chaque section!

« Art. 34. Il y a oppression contre le corps social, lorsqu'un seul de ses membres est opprimé. Il y a oppression contre chaque membre lorsque le corps social est opprimé.

« Art. 35. Quand le Gouvernement viole les droits du peuple, l'insurrection est, pour le peuple et pour chaque partie du peuple, le plus sacré des droits et le plus indispensable des devoirs. »

Voilà la constitution vers laquelle on veut marcher comme vers un progrès. En lisant ces trois articles, il y a ce raisonnement très-simple et très-net à faire, qu'en partant du principe de l'art. 34, qui déclare qu'il y a oppression contre le corps social lorsqu'un seul de ses membres est opprimé, on proclame pour tout individu, quel qu'il soit, pour son caprice, pour sa passion blessée, non-seulement le droit, mais le devoir de l'insurrection. Et l'on appelle cela un progrès ! Avec de pareils progrès, l'abîme est bien près pour les constitutions et pour les empires. Je vous le disais tout à l'heure, et vous le saviez mieux que moi, cette constitution n'a pas même été mise à exécution; elle a été plus tard remplacée par une constitution qui rentrait dans les termes des constitutions qui veulent vivre, qui veulent gouverner les sociétés, qui veulent les honorer, qui veulent les élever, et qui ne jettent pas toujours je ne sais quel appât et je ne sais quels désirs au-devant des passions les plus promptes à s'enflammer.

Maintenant, nous sommes ramenés tout naturellement à ce qui a motivé les poursuites contre la *Solidarité républicaine*, au 29 janvier 1849.

Le 29 janvier est une de ces dates qui viennent précisément réaliser ce dont je vous parlais tout à l'heure et justifier l'attitude prise par la *Solidarité républicaine ;* on y voit le résultat de cette union déjà formée, on y voit apparaître ce but qu'on se donne surtout depuis l'élection du 10 décembre, et qui tend à saisir la première occasion d'un triomphe possible pour le parti.

Quels sont les événements très-courts qui ont précédé le 29 janvier? C'est le 24, un arrêté de réorganisation de la garde mobile; c'est le 26, la présentation par un ministre, sous sa responsabilité (nous n'avons pas à juger ici l'acte), d'un projet de loi sur les clubs. L'essai des clubs a été fait sincèrement depuis la révolution de 1848 ; tous ceux qui ont mis la main au pouvoir, avec les meilleures et les plus sincères dispositions pour le droit de réunion, ont été obligés de se dire dans leur conscience qu'il y avait là un danger permanent. C'est un problème que de réglementer ce droit des clubs, qui n'est pas, à proprement parler, le droit de réunion ; c'est un problème que de le rendre utile s'il peut l'être, mais c'est surtout un devoir de l'empêcher d'être nuisible.

Eh bien, on présente à l'Assemblée nationale, qui le discutera, qui le rejettera ou l'adoptera, un projet de loi sur les clubs. C'est le 26 que ce projet est présenté; le 27, on dépose contre le ministère une proposition de mise en accusation. On voit déjà se réaliser cette intention très-marquée, je vous le disais, très-notoire de chercher une violation de la constitution, afin d'avoir un prétexte.

Ce projet de mise en accusation est signé de quarante-neuf membres ; il est exercé, je me hâte de le dire, dans la latitude d'un droit parlementaire. On le soumet à la chambre;

il peut être admis, il peut être rejeté ; c'est une chose dont personne n'aurait le droit de se plaindre, pas même ceux qui en sont l'objet. Quand on est homme politique et qu'on a l'honneur de gouverner son pays, il faut savoir s'exposer à ces dangers et se consoler surtout de les rencontrer, quand, rentré dans sa conscience, on sait qu'on n'a pas mérité les sévérités dont les partis vous accablent.

Eh bien, on crie alors à la violation de la constitution pour atteinte au droit de réunion, par la seule présentation d'un projet de loi! Je ne discute pas ce fait; je l'énonce.

Le 29 janvier, la chambre avait à délibérer, c'est un fait dont on se souvient, sur ce qu'on a appelé la proposition Rateau, proposition qui tendait à fixer l'époque de la dissolution de l'Assemblée constituante. Le Gouvernement est averti qu'il se prépare un mouvement. Tous ceux qui ont vu l'état de Paris ce jour-là se souviennent de l'émotion qui y a régné, et de la prévoyance qui a empêché d'éclater un mouvement organisé mais qui a été assez habile, c'était son droit, pour ne pas se montrer quand il a vu que les mesures étaient prises. A cette date se joint un fait qui a été reconnu devant la haute cour par l'accusé Forestier, et que nous devons énoncer, non pas comme se rattachant directement au procès, mais comme ayant, dans la partie historique du débat, une valeur qu'il faut rappeler. L'accusé Forestier écrivait au président de l'Assemblée, à la date du 29 janvier, une lettre ainsi conçue :

« M. le président,

« Si la chambre est menacée dans son indépendance, qu'elle se rende au Conservatoire des arts et métiers, dans le sixième arrondissement; nous saurons la défendre.

« FORESTIER.
« Colonel de la 6ᵉ légion. »

Reçue par le président vers une heure.

Je me borne à constater cette circonstance ; je n'interprète pas ; l'interprétation pourrait varier, suivant les appréciations politiques que l'on ferait de la signification du 29 janvier et de la lettre que je viens de lire; je livre seulement le fait au souvenir de MM. les hauts jurés, parce que c'est le droit de l'accusation, parce que c'est un acte qui se lie aux débats que cette lettre qui désigne, le 29 janvier, à l'Assemblée, le Conservatoire comme un asile où elle serait défendue par le colonel Forestier et sa légion.

Aujourd'hui tout doute est levé sur le mouvement du 29 janvier, sur le caractère sérieux du mouvement du 29 janvier. On a voulu bien longtemps en faire honneur à l'imagination de ceux qui pouvaient y redouter quelque chose ;

mais vous avez dans le procès une lettre écrite par l'un des accusés à un témoin entendu ici, au sieur Hodé, et qui ne laisse pas plus de doutes que n'en laissait le programme que je vous lisais tout à l'heure, où l'on mettait en regard le 23 juin et le 29 janvier. Voici ce que dit Songeon dans sa lettre à Hodé, lettre sur laquelle nous aurons à revenir plusieurs fois, car c'est une page importante du procès :

« Pour moi qui n'ai jamais trouvé là la foi sincère qui engendre les œuvres, qui n'ai pas trouvé le 29 janvier ni les 10-13 juin l'attitude, ni les actes aussi révolutionnaires que les harangues, je suis très-tourmenté de cela. »

Vous le voyez, je n'ai pas besoin d'aller plus loin ; ce rapprochement, vous le saisissez mieux aujourd'hui peut-être que vous ne l'auriez saisi il y a peu de jours ; car l'accusé Maillard disait, à l'une des dernières audiences, que le 10 on avait voté, discuté, adopté l'adresse du Comité des vingt-cinq, qui est insérée dans les journaux du 11. C'est le 10 effectivement que l'œuvre a commencé pour le Comité démocratique socialiste et la commission des vingt-cinq ; et comme Songeon a fait partie de ce comité, ces deux dates, le 10 et le 13 juin, il les met avec cet abandon de l'intimité que respire sa lettre, il les met immédiatement à côté de la date du 29 janvier, qui est pour lui une journée, non pas une journée complète, mais une journée tentée ; et il ajoute qu'à cette époque il n'a pas trouvé l'énergie qu'il aurait voulu trouver probablement chez ceux qui avaient, au 29 janvier, la pensée qu'ils ont eue aux 10 et 13 juin.

J'avais donc raison de dire que tout doute était levé à cet égard. Ces griefs qu'on élève contre les faits les plus évidents, que nous avons vus se reproduire ici à l'audience d'avant-hier, se retrouveront peut-être dans la défense, car certains témoins qu'on a amenés semblent dire que ces mouvements sont des mouvements inventés par la police. Mais on est forcé d'abandonner cette idée pour le 29 janvier ; car voilà un homme qui y a figuré, qui écrit sincèrement, librement, et qui met cette date au nombre des dates révolutionnaires dans lesquelles il trouve que l'énergie des actes n'a pas répondu à la violence des harangues.

Vous savez que l'Assemblée, au 29 janvier, donnant, comme elle l'a fait souvent, qu'il me soit permis de le dire maintenant qu'elle n'est plus, un exemple de haute sagesse, admit la première lecture de la proposition qui lui était soumise ; elle organisa, dès ce moment, sa retraite prochaine, car c'est le 14 février que fut votée la loi qui fixait définitivement l'époque de la dissolution de l'Assemblée constituante.

Permettez-moi, quelque longues que soient pour vous ces citations, de vous lire pour renseignement, pour l'édification de tous, la proclamation qui partit alors du ministère de l'intérieur. Il n'est peut-être pas inutile de voir comment les hommes qu'on accuse de vouloir violer la constitution, et contre lesquels on se tient, on s'organise, en quelque sorte, dans une défense perpétuelle, comment ils s'engagent à tel point et dans de tels termes, qu'il faudrait les supposer les derniers des hommes, si on ne croyait pas à cette parole énergique et loyale.

Voici ce que disait le M. ministre de l'intérieur d'alors :

« Citoyens de Paris,

« Nous avons appelé la garde nationale sous les armes. Nous l'avons appelée à la défense de l'ordre social, menacé encore une fois par les mêmes ennemis qui l'attaquèrent dans les journées de juin.

« Les projets de ces hommes n'ont pas changé. Ce qu'ils veulent empêcher à tout prix c'est l'établissement d'un gouvernement régulier et honnête. Ce qu'il leur faut, c'est un régime d'agitation perpétuelle, l'anarchie, la destruction de la propriété, le renversement de tous les principes. C'est le despotisme d'une minorité qu'ils espèrent fonder, en usurpant comme un privilége la propriété commune, le nom sacré de la République.

« Pour colorer la révolte contre les lois, ils disent que nous avons violé la constitution et que nous voulons détruire le Gouvernement républicain. C'est là une calomnie méprisable. La République n'a pas de plus fermes appuis que ceux qui cherchent à la préserver des excès révolutionnaires, avec lesquels on a trop confondu cette forme de Gouvernement. La constitution, M. le président de la République a juré de la respecter et de la faire respecter ; il tiendra son serment. Ses ministres ont un passé qui ne laisse à personne le droit de suspecter leurs intentions ; et ils ne peuvent pas donner une plus grande preuve de leur attachement aux institutions républicaines, que l'énergie avec laquelle ils sont déterminés à réprimer tout désordre, quelles qu'en soient les proportions.

« Habitants de Paris, il ne suffit pas que la société soit forte, il faut encore qu'elle montre sa force ; le repos et la sécurité sont à ce prix. Que tous les bons citoyens secondent le Gouvernement dans la répression des troubles qui agiteraient la place publique. C'est la République, c'est la société elle-même, ce sont les bases éternelles du pouvoir que les perturbateurs mettent en question. La victoire de l'ordre doit être décisive et irrévocable. Que chacun fasse donc son devoir, le Gouvernement ne manquera pas au sien »

Vous me comprenez, messieurs, cela n'a pas besoin de se dire ; les hommes qui font des mouvements de police, qui les créent sous prétexte de fortifier je ne sais quel pouvoir, ne parlent pas ce langage. Ce qu'il y a de vrai, de juste, d'inattaquable dans ce langage, c'est cette grande profession de foi de ceux qui sont les vrais appuis de la République, qui la soutiennent, qui contribuent à la fonder, qui seuls la rendront possible et durable, qui défendent pour elle et avec elle les lois de leur pays.

Cela, messieurs, nous conduit à la question d'Italie. La question d'Italie va se placer à la suite de ces prétextes, dont le dernier venait d'échouer. N'oubliez pas, en quittant cet ordre de faits, cette proposition de mise en accusation exercée dans la limite du droit parlementaire, c'est vrai, mais exercée en face de la présentation d'un projet.

Nous sommes, pour la question romaine, sous l'Assemblée constituante qui, à la date du 17 avril, a voté 1,200,000 fr. de crédit, pour l'envoi d'un corps expéditionnaire en Italie. Les événements du 30 avril se passent; ils n'ont pas besoin d'être rappelés. Le 8 mai, un vote de l'Assemblée constituante invite le Gouvernement à prendre sans délai les mesures nécessaires pour que « l'expédition d'Italie ne soit pas plus longtemps détournée du but qui lui est assigné. » Ce sont les termes de la décision de l'Assemblée. Il semble que, devant une pareille décision, il y ait là une preuve certaine de conservation pour les droits de tous, et surtout une preuve de vigilance, à l'endroit du pouvoir souverain de l'Assemblée nationale. Eh bien, cependant, on ne s'en rapporte pas à elle, et malgré le vote, malgré l'attitude qu'elle vient de prendre, on dépose encore une proposition de mise en accusation, cette fois, contre le président et le ministère. Elle est déposée par Victor Considerant, l'un des accusés. Le 11 mai, on reproduit les interpellations sur l'Italie, et, cette fois, la chambre qui avait fait acte d'énergie, de virilité, on ne peut pas le contester, au point de vue de son opinion, passe à l'ordre du jour, et refuse de renvoyer aux bureaux la proposition de mise en accusation. C'est de cette séance que l'on rendait compte dans un procès-verbal que je vous ai lu relativement à la commission des 25.

Il faut que vous voyiez, car c'est là une des conditions du procès, le parti que, dès ce moment, tiraient de cette occasion succédant à une autre, et de cette question d'Italie, dans la presse, ou plutôt dans des journaux qui appartiennent au comité de la presse, quelques-uns de ceux qui sont accusés devant vous aujourd'hui. Nous ne vous citerons que deux exemples :

Le 12 mai, *la Vraie République*, journal de l'accusé Thoré, s'exprime ainsi :

« Légalement et moralement, le prince étranger qui, au 10 décembre, a surpris à la République un vote de fatigue et de désespoir, le président Bonaparte est déchu de la présidence. Le droit est acquis, le fait seul est à conquérir. Nous avons, comme disent nos amis des faubourgs, gagné la première manche en février, perdu la seconde en juin, enlevons la belle au printemps de mai. »

A la même date du 12 mai, le journal *le Peuple*, l'un des journaux du Comité de la presse, disait ceci :

« Il s'est trouvé pourtant 138 républicains qui ont voulu prouver qu'il en était d'un président de la République comme d'un valet que le maître chasse quand il ne remplit pas bien son office. Que M. Louis Bonaparte se tienne sur ses gardes, les républicains vont croissant. La Constituante a été indulgente, la Législative sera implacable !

« Et d'ailleurs, le peuple se lasse ; à défaut de ses mandataires, la prochaine fois ce sera lui qui prononcera la sentence et qui, en même temps, sera l'exécuteur. »

Voilà, messieurs, deux exemples seulement que nous vous citons et qui nous conduisent au 2 juin.

Nous vous disions tout à l'heure que nous étions obligés, pour l'accusation, de rechercher le but de ce qui doit, de ce qui peut plus tard constituer un complot; but, comprenez-le bien, dont on ne s'occupe pas quand le complot n'a pas lieu, quand l'attentat n'a pas lieu; mais du moment où un fait violent comme un complot ou un attentat éclate, il faut rechercher dans le passé nécessairement si on trouve ce qui constitue l'un des éléments du complot, le but du renversement.

Nous vous dirons autre chose : c'est qu'il y a dans les différents faits que nous parcourons, la preuve d'un concert très-étroit, d'un lien très-fréquent entre les différents centres d'action de ce parti qui veut renverser.

Maintenant que nous avons fait quelques citations, nous pouvons l'affirmer, il y a un lien très-étroit entre le Comité démocratique socialiste, le Comité de la presse et ses organes qui sont toujours les mêmes, les clubs, en un mot entre tout ce qui appartient à ces centres d'action qui confèrent entre eux. Ce que nous vous disons là, vous allez le trouver proclamé par l'accusé Baune, qui reconnaissait l'autre jour qu'il avait effectivement tenu le langage qui lui était prêté. A la date du 2 juin, voici ce qu'il disait dans le club du salon Ragache :

« Le sieur Baune parle de la loi du 28 juillet 1848 sur les clubs; il prétend qu'elle a besoin d'être revisée, puisqu'elle a été rendue à l'époque de l'état de siége, mais que pourtant il faut la respecter ; que les mineurs et les femmes, d'après cette loi, ne doivent pas assister aux séances des clubs; que ce n'est pas sa faute, mais que c'est l'Assemblée constituante qui l'a voulu ainsi. »

Ce sont là des paroles mesurées, et, si on n'avait tenu jamais que des discours comme ceux-là dans les clubs, il n'y aurait rien à dire ; mais voici ce qu'ajoute l'accusé Baune : « Il parle de la constitution, et dit qu'il faut la respecter aussi ; que, si elle était violée, des citoyens devraient toujours être prêts à descendre dans la rue pour la défendre. (Bravos !)

« Il dit encore que le peuple, dans les circonstances présentes, ne doit plus s'ébranler que comme un seul homme, que ses chefs sont dans le Comité démocratique socialiste, avec les hommes de la presse et de la Montagne, et que, quand des mesures seront prises par [eux, le peuple devra toujours les suivre. »

Il est impossible de tracer un programme qui s'applique plus exactement aux trois éléments du procès que vous avez à juger. Le Comité démocratique socialiste, le Comité de la presse et la Montagne, ce sont les chefs du peuple, ceux qui doivent donner le signal ; et, quand ils le donneront, il faudra que le peuple obéisse.

C'est le 2 juin qu'on dit cela :

La Révolution démocratique et sociale disait le 7 juin :

« Bientôt la Montagne aura l'occasion de parler au peuple. » (Ceci est presque prophétique.) « Au nom de la consitituton violée et méconnue, qu'en ce moment il n'y ait plus parmi tous les démocrates socialistes qu'une seule pensée, que tous s'apprêtent à payer leur dette à la patrie et à l'humanité. »

Ceci s'explique et se saisit d'autant mieux, messieurs, qu'il s'était établi une petite lutte entre certains organes de la presse démocratique et sociale ; cela a été su, connu de tous les lecteurs : au moment où le danger approche, au moment où, avec un accent presque prophétique, on annonce que la montagne va parler au peuple, on donne le mot d'ordre de suspendre tout dissentiment dans l'intérêt commun du parti.

A la date du 10 juin (vous voyez que nous approchons beaucoup du 11), se tenait au boulevard Monceau un banquet des démocrates du Bas-Rhin. Il faut encore vous lire deux passages du procès-verbal dressé à ce sujet :

« En ce moment sont introduits dans la salle deux soldats d'un régiment d'infanterie de la ligne dont nous n'avons pu distinguer le numéro, et des cris de : *Vive la ligne !* se font entendre de toutes parts. Le représentant Rattier se lève pour les recevoir, ainsi que plusieurs de ses collègues, et ils les font asseoir au milieu d'eux. Ces deux soldats paraissent tout ébahis de la réception qui leur est faite et à laquelle ils n'étaient nullement préparés. Il y a tout lieu de croire qu'ils ont été accostés sur le boulevard par quelques fervents socialistes désireux de prouver que l'armée a pris part à ce banquet.

« Deux dragons sont de nouveau introduits dans la salle ;

plus étourdis encore de ce qu'ils voient et entendent que les deux fantassins qui les ont précédés, ils ne savent que répondre aux témoignages inexplicables de sympathie dont ils sont l'objet. Il est bien évident que ces militaires ont été amenés au banquet sans se douter de ce qui se passait, sans savoir où on les conduisait. »

Et puis enfin vient ce passage déjà publié :

Le procès-verbal, au surplus, est à la disposition de la défense.

« Le sieur Beyer, représentant du peuple, a porté un toast à l'union des démocrates-socialistes et de tous les républicains ; il a dit aussi que la patrie était en danger, que la République était menacée, que les troupes étaient agglomérées dans la capitale et aux environs ; qu'avant huit jours, demain peut-être, c'en serait fait de la démocratie ; que tous les citoyens devraient être prêts à la soutenir et à mourir pour elle ; que Louis-Napoléon Bonaparte était un traître ainsi que ses ministres et tous les royalistes qui l'entourent. »

Cela se passait le 10 juin au boulevard Monceau.

Enfin, messieurs, à côté de ces documents qui approchent, comme je vous l'ai dit tout à l'heure, qui approchent beaucoup du 11 juin, se placent quelques lettres que vous trouverez dans les pièces qui vous seront remises. Une de ces lettres est adressée à un des rédacteurs du journal *le Peuple*, qui n'est pas l'accusé Langlois, mais le sieur Darimon. Il s'y trouve ce passage :

« Nous attendons, non sans angoisse, quelque nouveau fait de Paris ; j'ai mal dit nouveau, quelque premier fait de Paris qui change d'un seul coup la tournure des affaires.

« J'espère bien que, quand vous lirez cette lettre, Paris aura déjà jeté par la croisée tout ce tas de gredins qui ont étranglé l'honneur de votre nation et les droits des peuples mourants en vous maudissant.

« Si après les nouvelles du 3 juin, et tout le monde le répète ici, vous n'avez pas fait justice, une bonne fois pour toutes, de tant d'infamie, de malheurs, qui vous ont courbés sous le joug *Bonaparte* et compagnie ; si vous aurez entendu bombarder Rome, massacrer les patriotes italiens, fusiller nos prisonniers de guerre, et, pis que les fusiller, les tuer à coups de crosse de fusil (comme ils ont fait de deux pauvres tirailleurs de Melara, traînés dans un guet-apens le matin du 3), si vous aurez entendu tout ça sans vous émouvoir, sans vous soulever tous comme un seul homme... Oh! alors... nous pourrons bien, nous pauvres capres émissaires de la défaite de la démocratie européenne, nous pourrons bien désespérer à tout jamais de la France, et nous mourrons en reniant cette fraternité qui a répondu à nos cris d'agonie suprème par des premiers-Paris et des ordres du jour simples ou motivés... »

On lit à la fin de la lettre :

« Démocrates de Paris, êtes-vous complices de l'assassinat qui va se consommer en Italie?.. C'est ce que nous saurons sous peu de jours. Nous vous attendons là pour juger.

« Adieu, mon ami !

« Votre F. Doda. »

Voici une autre lettre qui n'est plus de Doda, qui est d'un sieur Taberd; elle est datée de Rome du 9 juin, et adressée à l'accusé Landolphe. Je ne vous la lirai pas tout entière, elle est trop longue; en voici un passage :

« Voilà donc où nous a conduits la politique des honnètes et modérés, à nous couvrir d'infamie : car l'armée française détruit Rome. Ne crois point que ce combat, cette guerre sacrilége, ait en rien ébranlé les Romains; non, au contraire, ils se feront tous tuer. Femmes, enfants, vieillards, tous participent au combat, et les Français ne rentreront dans Rome que sur des décombres et des cadavres. Oui, mon cher Landolphe, Rome, la vieille cité, la ville aux chefs-d'œuvre, la ville qui jadis dicta des lois, s'est souvenue de ce qu'elle était en remplaçant la croix par l'aigle; ils ont juré de mourir plutôt que de reprendre cette devise prostituée par les cardinaux : le nombre ne leur fait pas peur, ils se souviennent du combat de Léonidas aux Thermopyles.

« Te raconter des faits partiels, cela m'est impossible, car je serais forcé de t'écrire une journée entière; qu'il te suffise de savoir que les Romains méritent toutes nos sympathies, que tout Rome est prêt à mourir. Ecoute ce cri de détresse d'un Français qui a honte de l'être dans ce moment. Faites suspendre ce massacre, car l'histoire nous réserve une page affreuse. France! resteras-tu impassible à un massacre semblable, où tant de braves versent leur sang, tandis que le czar de la Russie s'avance pour nous faire la guerre? Nous moissonnons des tètes qui meurent en criant : *Vive la République, frères!* Tous les monuments de la grande cité sont minés ; si les Français veulent par la force des armes, tout sautera en l'air. Les femmes sont des lionnes exaspérées qui sauront mourir.

« Sache-le à notre honte, Oudinot a refusé d'accorder une heure pour relever les morts et les blessés; à l'heure où je t'écris, les morts français ne sont pas encore enterrés: ceux tués dimanche, le 3 juin.

« Acte d'infamie, il a été chercher les forçats dans Civitta-Vecia et Porto-Dautze et les fait travailler à ces tranchées, puisse la sainte cause du peuple, que dis-je du peuple? des Romains, car tous, riches, pauvres, sont républicains.....

« Adieu, la mitraille m'a déjà épargné en...., à Paris, à Rome jusqu'à présent. Aussi, adieu, adieu, on nous attaque, Chancelle combat et Laviron comme des bons républicains.

« Adieu, Landolphe, tu ne m'en voudras pas de me battre contre des Français, ils ont perdu ce nom, car ils crient : *Vive le pape ! Vive Pie IX !* je l'ai entendu.

« Comme Caïn, vos mains sont tachées de sang ; un jour l'histoire vous vouera à la vengeance populaire.

« Adieu, adieu. *Vive la République universelle ! Vive la solidarité des peuples !*

                                        « AUGUSTE TABERD.

« Ta nomination m'a rempli de joie ; te voilà à la besogne, courage ; vaincre sans périls, on triomphe sans gloire. »

Ainsi l'homme qui écrit cette lettre est un Français qui déclare qu'il a honte du titre de Français, et qu'il demande en quelque sorte pardon à son ami de se battre contre des Français ; il est dans les rangs des Romains et il envoie dans cette situation qui lui commanderait peut-être un peu plus de silence, il envoie aux Français, ses compatriotes, tous les outrages qui sont dans cette lettre.

Vous comprenez la portée de ces lettres, vous comprenez ce que produisent, par exemple, les nouvelles qui s'y trouvent, les exagérations, pour me servir d'un mot bien mesuré, qui s'y rencontrent, et comment il est facile, à l'aide d'une pareille correspondance, d'allumer les esprits en France, en même temps qu'on excite en Italie ceux qui, comme Taberd, vont, sous le drapeau d'une nationalité étrangère, combattre pour ce qu'ils appellent la démocratie européenne.

Voilà quelle était la tactique évidente employée dans cette question d'Italie. Voilà, messieurs, comment, de part et d'autre, les passions étaient envenimées, et comment, soit en Italie, soit ici, on excitait les uns par les autres.

Nous arrivons, messieurs, à *la Révolution démocratique et sociale* du 10 juin.

Voici le passage qui s'y trouve :

« M. Bonaparte a violé la constitution, il a déshonoré la France ; par lui, le sang de nos soldats a coulé pour la cause du despotisme ; il faut qu'il soit décrété d'accusation, ou la constitution n'est plus qu'un vain mot.

« Il compte, nous le savons, sur la majorité de l'Assemblée législative ; tous les verdets, tous les chouans qui garnissent les bancs de la droite et des centres, et qui tous sont les agents du comité de l'étranger, les esclaves des prêtres, tous ceux enfin qui ne sont venus siéger à la législative que pour assassiner la République, ne voteront pas la déchéance de M. Bonaparte, et, loin de le mettre avec ses ministres en accusation, ils lui décerneront les plus magnifiques éloges en guise de bill d'indemnité. S'il en est ainsi, le peuple connaît l'art. 5 de la constitution, il les mettra *hors la loi avec Louis Bonaparte* et les Barrot, et quand il rend des décrets de cette sorte, il sait les exécuter ; souvenez-vous du 10 août !

« *La déchéance !* tel doit être le cri de tous les bons citoyens. Nous avons à venger de vaillants soldats qui sont tombés devant Rome, à réparer une de ces hontes qui restent comme un stigmate au front des nations; l'hésitation n'est plus permise.

« Donc, la déchéance du président, la déchéance sans tarder, ou le peuple rentrera dans la plénitude de ses droits et contre le président, et contre la majorité qui s'associerait à ses crimes !

« *Guerre aux traîtres ! Vive la république démocratique et sociale.* »

Voilà ce qui est écrit, le 10 juin, dans le journal de l'accusé Delescluze, et ce qui appartient aux faits généraux.

Vous voyez que nous sommes bien près des déclarations qui constituent elles-mêmes les chefs du complot et de l'attentat.

C'est le 11 juin que se place précisément la première pièce qui appartient directement au procès, c'est-à-dire l'adresse de la commission des vingt-cinq, celle qui rappelle le mandat impératif. Voici cette pièce :

« Le Comité démocratique et socialiste des élections à l'Assemblée nationale.

CONSTITUTION.

« Art. 5. La République française respecte les nationalités étrangères, comme elle entend faire respecter la sienne; elle n'entreprend aucune guerre dans des vues de conquêtes, et n'emploie jamais ses forces contre la liberté d'aucun peuple.

« Art. 54. Le président de la République veille à la défense de l'État; mais il ne peut entreprendre aucune guerre sans le consentement de l'Assemblée nationale.

« Le président de la République, prenant pour complices un agent diplomatique des Russes, un général prussien, envoyé de Radetzki, et deux jésuites de la cour du pape, a foulé aux pieds un vote de l'Assemblée nationale. Oudinot, sur des instructions secrètes, a trahi la parole de la France. Les soldats de la République française, armés contre un peuple libre, sont condamnés à mitrailler leurs frères, les républicains de Rome.

« Le pouvoir exécutif aura-t-il impunément violé la constitution ?

« Membres de l'Assemblée nationale, souvenez-vous que vous êtes les mandataires du peuple souverain.

« Art. 110. L'Assemblée nationale confie le dépôt de la constitution et des droits qu'elle consacre à la garde et au patriotisme de tous les Français.

« Elus du département de la Seine, entre le peuple et vous, il a été dit, le 13 mai :

« Art. 2. *Si la constitution est violée, les représentants du peuple doivent donner au peuple l'exemple de la résistance.* »

C'est l'article textuellement rappelé de l'engagement que nous avions l'honneur de lire tout à l'heure à MM. les jurés. Cette pièce est signée : *André, Baune, Bertrand Espouy,* enfin des vingt-cinq membres de la commission.

Le manuscrit de ce manifeste a été saisi chez l'accusé Maillard. Il paraît être (puisque l'accusé est absent, nous aimons mieux rester dans le doute), il paraît être de la main de l'accusé Pardigon. Vous comprenez toute la portée de cet acte, placé à la date du 11 juin, émané de la commission des vingt-cinq, rappelant cet engagement que nous vous citions tout à l'heure, ce mandat impératif, ce mandat qui ne laisse presque plus de liberté aux candidats; il paraît le jour même où les interpellations vont avoir lieu, le jour même où le vote aura lieu, et vous allez voir effectivement que le lien est plus étroit qu'on ne peut le penser, entre les candidats nommés et le comité qui les a fait nommer.

Les convocations avaient déjà été lancées pour une réunion qui a eu lieu le 11 juin au matin dans les bureaux de *la Démocratie pacifique.*

Mais avant d'arriver à cette réunion, nous vous prions de vous rappeler que, dans la pensée de l'accusation et dans la vérité des faits, cette pièce que nous venons de vous lire constitue déjà un des premiers actes du complot. C'est déjà évidemment sinon une résolution d'agir matériellement, au moins un acte qui a été résolu, comme le disait l'autre jour l'accusé Maillard, dans la journée du 10 ; c'est une résolution prise par la commission des vingt-cinq, et rappelant aux représentants, qu'elle tient en quelque sorte enchaînés par leur mandat, ce qu'elle veut qu'ils fassent, ce qu'elle veut leur imposer. Effectivement, à la date du 10 juin, nous le disions tout à l'heure, en même temps que s'arrêtait cette pièce, on envoyait de *la Démocratie pacifique* les convocations pour la réunion du lendemain. Ces convocations sont désormais avouées. Le sieur Brunier, qui les a faites et que vous avez entendu comme témoin, avait d'abord mis quelque hésitation à les reconnaître ; mais il a fini par déclarer qu'il en avait fait plusieurs, au moins dix. Ce qui est certain, c'est qu'elles ont été envoyées, qu'elles sont aujourd'hui connues, et qu'elles sont dans des termes qui ne permettent pas de douter au nom de qui elles étaient faites.

« Paris, le 10 juin 1849.

« Cher confrère,

« Vous êtes invité à vous rendre à la réunion de la commission de la presse qui aura lieu demain lundi, à onze heures et demie très-précises du matin, rue de Beaune, n° 2.

« Au nom de la commission,

« *Signé* Ch. Brunier,

« *Rédacteur de* la Démocratie pacifique. »

Ainsi c'est bien au nom de la commission de la presse que la convocation est faite. Le sieur Brunier prétend n'en avoir reçu l'ordre de personne, ni de l'accusé Considerant, ni de tout autre membre de la commission de la presse ; il dit avoir fait les lettres de son propre mouvement. Peu importe, il les a faites ; elles s'adressent non-seulement aux membres ordinaires du comité de la presse, mais encore à trois ou quatre autres rédacteurs en chef, à ceux de *la Presse*, du *National* et du *Siècle*. On nous l'a dit ici sans aucun détour, on avait adjoint au comité de la presse les journaux qui avaient pris la même ligne que les journaux socialistes dans la question d'Italie.

La réunion du 11 au matin a eu lieu à *la Démocratie pacifique*, et a été présidée par l'accusé Considerant jusqu'au moment où il s'est rendu à la chambre. C'était le jour même que devaient avoir lieu les interpellations dont nous vous avons déjà parlé au sujet de la question d'Italie. Lorsque l'accusé Considerant quitta la réunion, il fut remplacé par M. de Girardin ; et il y avait à cette réunion, pour nous occuper tout de suite du personnel, il y avait plusieurs accusés dont la présence a été établie et constatée, par la déclaration de Toussenel. Ces accusés sont : Servient, Songeon, Morel et Tessier-Dumotay. M. Toussenel avait ajouté que l'accusé Chipron s'y trouvait aussi. Chipron l'a nié dans ses interrogatoires, et ici il ne s'est pas expliqué. Il reste donc la déclaration de Toussenel et la première dénégation de Chipron. Cela, du reste, n'a pas d'importance pour cet accusé, car il reconnaît avoir été aux deux autres réunions, à la manifestation et au Conservatoire des arts et métiers, où il a perdu sa carte.

Sur la fin de la séance, les accusés Vauthier et Cantagrel ont paru à la réunion, et en sont sortis immédiatement, disent-ils, lorsque Considerant est allé à la chambre.

Le témoin Chatard vous a expliqué le but de la réunion du 11 au matin ; il l'a fait, nous avons déjà eu occasion de le dire, avec la netteté qu'il a apportée dans toute sa déposition ; il vous a dit qu'il s'agissait de savoir quelle attitude la presse démocratique et sociale devait prendre dans cette question d'Italie, et de réaliser quelque chose d'analogue à la protestation des journalistes en 1830, à l'époque de la révolution de juillet; il a ajouté que M. de Girardin avait pris la parole dans cette réunion, et qu'il avait été l'un des plus émus, l'un des plus décidés sur la nécessité d'une protestation au nom de la presse.

M. de Girardin, qui a été entendu, s'est expliqué lui-même sur ce qu'il avait fait, sur le discours qu'il avait tenu, sur des paroles qui fixent le caractère vrai de la réunion. Il en a appelé, dit-il, à la résistance légale, c'est le mot dont il s'est servi. Il a éloigné l'idée de l'insurrection dans la rue, cela paraît positif, il a conseillé, ce sont ses expressions, que l'opposition se mît en permanence et se déclarât la seule représentation de la France; cela ne concordait peut-être pas très-bien avec ce qu'il appelait la résistance légale, mais, enfin, c'est l'opinion qu'il a développée, ce sont les termes dans lesquels il l'a exprimée, qu'il a rapportés à cette audience et qui ont été écrits en quelque sorte sous sa dictée.

Le sieur Toussenel, sur le résultat de la séance, a formulé très-nettement aussi la décision qui y avait été prise. En expliquant le but et les paroles de M. de Girardin, qui avaient pesé d'un grand poids dans cette délibération, et en appréciant la portée de la décision prise, nous arrivons à connaître, autant que cela peut se faire pour de pareilles réunions, à connaître exactement ce qui s'y est passé.

Il fut décidé que le président de la République et les ministres seraient mis en accusation, et que si la majorité refusait cette mise en accusation, on la déclarerait complice de la violation de la constitution.

Voilà en quels termes *le Moniteur* rapporte ce passage de la déposition du sieur Toussenel. La décision y est très-nettement formulée.

Nous arrivons à ce qui doit constituer la tentative de renversement ou le renversement lui-même : « Il fut décidé que le ministère serait mis en accusation, et que si la majorité repoussait cette mise en accusation, on la déclarerait complice de la violation de la constitution. »

C'est évidemment la destruction de la loi des majorités, c'est évidemment le renversement du Gouvernement parlementaire qui nous régit ; nous ne prenons la décision que telle qu'elle est; ce n'est encore qu'une décision, il n'y a pas d'acte positif, mais enfin, c'est une résolution qui a sa valeur dans les faits qui vont suivre.

Au 14e bureau, l'accusé Considerant se présente, après avoir quitté la réunion dont il avait cédé la présidence à M. de

Girardin ; il avait certainement entendu une portion des discours et connu l'agitation au milieu de laquelle ils s'étaient produits. Nous voyons sans transition comment et dans quels termes M. Considerant arrive au 14e bureau et ce qu'il y propose.

Voici ce qu'il écrit lui-même dans le supplément au *Débat social* du 1er juillet 1849. Afin de ne rien changer, nous allons lire la formule qu'il donnait lui-même à ses propositions :

« Voici ce que je proposai, dès le 11, à une heure après midi, à mes amis politiques réunis au quatorzième bureau, un instant avant les interpellations de Ledru-Rollin, pour le cas prévu et certain d'un acte par lequel la majorité répondrait aux interpellations, en couvrant l'usurpation du pouvoix exécutif et s'associant à la double violation du pacte constitutionnel.

Je proposai :

De proclamer la violation flagrante de la constitution sur deux points capitaux : art. V du préambule et art. 54 des chapitres ;

De proclamer la complicité de la majorité dans cette double violation ;

De déclarer le peuple, la garde nationale, les fonctionnaires et l'armée dégagés des liens constitutionnels à l'égard du pouvoir exécutif et de la majorité, tenus de refuser obéissance aux ordres du Gouvernement et aux lois et décrets votés par toute collection des représentants extra-constitutionnels, tant que ceux-ci ne seraient pas rentrés, par une rétractation, dans la constitution, hors de laquelle ils s'étaient mis délibérément;

De déclarer l'Assemblée, réduite aux représentants constitutionnels, en permanence et munie provisoirement de tous les pouvoirs qui lui font retour de plein droit, aux termes de l'article 68 de la constitution.

J'ai proposé que ces résolutions (je les avais rédigées sous forme de décrets) fussent prises et promulguées par la minorité constitutionnelle, dans le palais législatif, immédiatement après la levée de la séance qui suivrait le vote attentatoire à la constitution.

Je ne me dissimulais point que, cette attitude prise, il y avait toute probabilité qu'avant deux heures, cernés au palais législatif, nous fussions au pouvoir de nos adversaires. Je n'en ai pas moins repris, le soir, cette opinion, que le temps n'avait pas permis de mettre, le matin, en délibération régulière. Je l'ai soutenue toute la journée du 12, et défendue jusqu'à la fin de la conférence de la nuit du 12 au 13, terminée de trois à trois heures et demie du matin, dans les bureaux de la *Démocratie pacifique,* où la réunion des représentants s'était transportée.

J'ai soutenu qu'en faisant ce que je proposais, et le faisant dans le sanctuaire même de la loi, nous aurions, non-seulement pour nous le droit, mais encore le caractère extérieur et physique du droit ; et que, nous victimes, les violateurs de la constitution seraient vaincus par leur propre victoire.»

Telles sont, messieurs, les propositions qui furent faites par l'accusé Considerant. Il y en a deux surtout qu'il faut noter : c'est la proposition de déclarer la complicité de la majorité dans la violation de la constitution, et celle de déclarer l'Assemblée réduite aux représentants constitutionnels en permanence, et munie provisoirement de tous les pouvoirs qui appartiennent, au cas de l'article 68, à l'Assemblée tout entière.

Dans le cours de la séance, M. Ledru-Rollin monte à la tribune, et dépose un projet d'accusation contre le président de la République et les ministres. » Dans le supplément du *Moniteur* du 12, nous trouvons les paroles qu'il a prononcées :

« La constitution est violée, nous la défendrons par tous les moyens possibles, même par les armes. »

Plus loin il reprend les mêmes paroles sur une interpellation qui lui est adressée : « Je dis et je répète que la constitution violée sera défendue par nous, même les armes à la main. » Et enfin dans *le Moniteur* du 13, où l'on rend compte de la séance du 12, il s'exprime encore ainsi :

« Je ne rétracte rien des paroles que j'ai dites hier, mais je veux leur donner leur sens.

« La passion peut s'en emparer : je veux à l'avance, sans savoir quels seront les résultats, dont je me soucie peu pour moi, je veux pour mon pays qu'on sache ce que j'ai dit, et non ce que quelques-uns peuvent me faire dire.

« Oui, j'ai dit ceci : Tous les moyens pacifiques pour maintenir la constitution ! mais si la constitution était violée, me servant de l'article 7 de cette même constitution, qui dit qu'il faut la défendre même au péril de sa vie, j'ai dit, dans ce cas, que ce serait les armes à la main que chacun de nous devrait la défendre.

« Voilà mes paroles, voilà leur mesure, et j'y persévère. »

L'hypothèse dans laquelle se plaçait M. Ledru-Rollin n'était même plus dans le sens de son discours, car il avait débuté par dire que tout développement était inutile, que les actes dispensaient des paroles et que la constitution était violée. Vous n'avez pas oublié que, pendant que l'accusé Ledru-Rollin prononçait ces paroles, il était arrêté et décidé à la *Démocratie* que si la proposition de mise en accusation n'était pas accueillie, on recourrait aux armes. C'est bien là une résolution très-nette et très-positive, et quoiqu'elle soit conditionnelle, la condition , que l'accusé Considerant appelle une condition certaine , inévitable , ne fait que suspendre l'exécution de cette résolution , tout en lui laissant un caractère qui, comme nous venons de le voir, se coordonne parfaitement avec les décisions déjà prises.

Faites ce rapprochement. Le 11 juin, paraît l'adresse à l'Assemblée législative, rédigée par le Comité socialiste, qui est là, surveillant, gourmandant en quelque sorte, les mandataires auxquels il a imposé un mandat impératif ; il leur dit : « Souvenez-vous qu'entre vous et vos électeurs, le 13 mai, il a été dit telle chose. » On leur rappelle ensuite textuellement l'engagement imposé aux candidats, et précisément à partir de ce moment il y a une réunion à *la Démocratie pacifique* et on y décide que si la mise en accusation est repoussée, la majorité sera déclarée complice de la violation de la constitution, ce qui est le renversement complet de la loi des majorités, ce qui est déjà le complot réalisé.

Le même jour, à la chambre, hors de l'atteinte des lois, il est vrai, mais enfin c'est un fait qui appartient à l'un des accusés , sous le coup de ces impressions, sous le coup de cet ordre parti du Comité socialiste, ou plutôt sous l'empire de ce concert qui s'établit entre la Commission des vingt-cinq et les représentants qui subissent sa direction, M. Ledru-Rollin laisse entendre, par deux fois, des paroles qui, bien qu'elles soient prononcées à une tribune, et bien qu'elles participent de l'inviolabilité de cette tribune, n'en sont pas moins des expressions heureusement fort rares dans notre histoire parlementaire ; ce cri, cet appel aux armes était d'autant plus funeste et plus dangereux qu'il partait de plus haut, qu'il partait dans un état démocratique, dans une République, de l'Assemblée nationale qui est souveraine ; qu'il guidait en quelque sorte tout le pays, toute la France, qu'il lui donnait un mot d'ordre qui, parti de si haut, semblait presque ne pas pouvoir ne pas être obéi.

Voilà dans quelles circonstances se sont passés les faits que nous venons de rapporter et qui nous placent enfin dans la démonstration du complot et dans les actes successifs qui le constituent.

Il y eut une réunion le 11 au soir ; vous savez qu'elle eut lieu par suite d'un rendez-vous, cela est convenu, cela n'est pas contesté, d'un rendez-vous qui s'était donné le matin. Vous savez que le lendemain, 12, on fut en permanence ; mais le 11, en se quittant le matin, pour se rendre à la chambre, on se donna rendez-vous dans le bureau du journal *le Peuple*, rue Coq-Héron, n° 5. Ce soir-là, deux membres se sont abstenus ; M. Duras, du *National*, après avoir été convoqué le matin, n'a pas reparu. M. Bareste, rédacteur en chef de *la République*, n'a pas reparu et n'a pas inséré

dans les colonnes de son journal les pièces publiées
dans les journaux du 12 et du 13 ; il a donné des explications qui sont peut-être un peu bienveillantes pour ceux
qui n'ont pas fait comme lui, mais enfin il n'a pas inséré les
pièces, ne prenons que ce fait, et il n'est pas revenu le soir.

Quoi qu'il en soit, M. de Girardin revient un instant.
Vous allez voir comment ici tout s'éclaire, pour des esprits
qui, comme vous, cherchent véritablement, impartialement
la marche de ces faits, difficiles peut-être à suivre, dans l'origine, mais sur lesquels la vérité saura se faire jour.

Ainsi M. de Girardin qui avait été, le matin, aux termes
de la déposition du témoin Chatard, l'un des plus émus et
des plus décidés, revient un instant le soir ; il entend, et vous
savez que, confronté avec lui, Toussenel a persisté dans ses
déclarations, il entend qu'il s'agit non-seulement de discuter
l'attitude de la presse dans le bureau du journal *le Peuple,*
mais qu'il s'agit d'aller le soir même conférer avec les membres de la réunion de la Montagne, qui se tenait dans la
rue du Hasard. Il dit qu'il ne veut pas se mêler de précipiter
ainsi les événements, c'est l'expression dont il s'est servi ;
il se retire, pour un motif ou pour un autre, mais il a donné
celui-là qui était parfaitement juste ; il l'a coloré sans doute
par suite des égards qu'on croit toujours devoir à des accusés.
Mais, soyez-en sûrs, il ne s'y est pas trompé ; c'est là le véritable motif. Il s'est séparé le soir de la réunion, parce qu'il
a vu qu'à ce moment-là les projets, les résolutions prenaient
un caractère d'acte sérieux et positif qui allait engager les
déterminations, constituer ce que la loi appelle la résolution
d'agir, et qu'après tout, je ne crois pas qu'il soit jamais
entré dans la pensée de M. de Girardin de prendre part au
complot. Il a dit ici, à l'audience, qu'il n'y avait aucune
espèce de complot. C'est une appréciation qui lui appartient ;
le fait certain, c'est qu'il a quitté la réunion à temps ; c'est
que, ne croyant pas, si vous voulez, à un complot, il a voulu
au moins se séparer de la réunion.

C'est là un fait très-significatif de la part d'un homme qui
a l'intelligence et la liberté d'action de M. de Girardin.
C'est un grave enseignement.

A partir de ce moment, vous voyez, dans la soirée du 11,
s'organiser une résolution positive qui va, le lendemain, se
traduire en actes de complot, car il y a là positivement la résolution d'agir. Le concert, nous le suivons depuis trop longtemps ; le but, nous vous l'avons montré aussi. Ce qu'il
faut pour le complot, légalement, strictement, étroitement,
c'est la résolution d'agir. Nous la voyons éclater dans les articles des journaux, et surtout dans l'*Adresse à l'Assemblée
nationale* à la date du 11. Nous allons la voir formulée le
11 au soir.

En effet, de la réunion dans les bureaux du *Peuple* on se transporte à la réunion de la rue du Hasard. Il y avait à peu près une quarantaine d'individus, a dit le témoin Toussenel, qui y est allé et l'a reconnu ; seulement, la Montagne refuse d'en admettre un aussi grand nombre. Alors sur l'avis émis par M. Toussenel ; on fait un choix : on choisit cinq rédacteurs de journaux démocratiques et cinq membres de la Commission des vingt-cinq, à ce qu'il croit. Il ne peut préciser les noms, mais ce qu'il sait, c'est que, parmi ceux admis, il a vu entrer Tessier-Dumotay, l'un des accusés absents. Pour cette réunion, l'accusé Chipron reconnaît s'y être rendu ; il avoue qu'il a été à la réunion de la rue Coq-Héron, et que, de là, il est allé avec ceux qui s'y trouvaient, à la conférence de la rue du Hasard. Il avoue qu'il a fait partie des membres admis.

Quant à Baune, il est allé ce soir-là à la réunion, ou du moins dans la maison de la rue du Hasard. Mais vous vous souvenez de la prétention qu'il a élevée ici : il y serait allé à une autre heure ; il y serait allé une demi-heure plus tôt. Quoi qu'il en soit, il affirme qu'il n'est pas entré dans la réunion. Il n'y a pas de témoin qui déclare l'avoir vu. Vous savez, au surplus, que la conférence n'a pas eu lieu dans la salle même des délibérations des membres de la Montagne ; le témoin Laulerie vous a expliqué comment quelques représentants étaient sortis et avaient eu une conférence plus ou moins longue avec les personnes qui avaient été introduites dans la première salle, dans celle qui précédait la salle de leurs délibérations; il vous a même dit qu'un papier avait été remis ce jour-là à un des membres de la Montagne. Il est bon de se souvenir que l'accusé Chipron reconnaît avoir fourni une déclaration qui a été insérée le lendemain dans les journaux démocratiques. Ce qui est certain, une fois cette déclaration constatée, cette réunion précisée, c'est que, le lendemain, on voit paraître dans les journaux du comité de la presse, simultanément, dans la même forme et avec les mêmes signatures, des actes qui manifestent et qui exécutent la résolution de la veille.

Nous omettions de vous dire que l'accusé Langlois avait été à cette réunion; il s'y était rendu, mais il n'avait pas été de ceux qui avaient été admis.

Le lendemain, le 12, il avait fait passer des bureaux du journal *la Démocratie pacifique* à la chambre une note écrite de sa main, invitant les représentants à ne pas quitter la salle des séances. C'était une opinion qui avait déjà été émise dans la réunion du 11 au matin; Langlois la partageait et la reproduisait dans ce moment-là avec une certaine chaleur, appuyé par Chatard et par l'accusé Ribeyrolles. C'est ce que nous a déclaré le témoin Chatard. C'est un fait reconnu par Langlois.

Mais avant d'arriver à cette journée du 12 juin, pendant laquelle plusieurs membres du comité de la presse étaient en permanence dans les bureaux du *Peuple* et dans ceux de *la Démocratie pacifique* qui devaient être le soir le foyer des dernières résolutions; avant d'arriver à cette journée, il faut que nous vous lisions les trois pièces qui parurent dans les journaux démocratiques socialistes du 12 :

Proclamation de la Montagne au peuple, à la garde nationale, à l'armée.

« La majorité de l'Assemblée législative vient de passer dédaigneusement à l'ordre du jour sur les affaires d'Italie.

« Par ce vote, la majorité s'est alliée à une politique qui viole la constitution.

« Nous avons déposé un acte d'accusation contre le pouvoir exécutif. Nous le soutiendrons demain. Nous voulons épuiser les moyens que la constitution met entre nos mains.

« Que le peuple continue à avoir foi en ses représentants, comme ses représentants ont foi en lui.

« Les citoyens représentants du peuple, soussignés, proposent à l'Assemblée nationale le décret suivant; ils demandent l'urgence et le renvoi immédiat dans les bureaux:

« L'Assemblée nationale législative,

« Vu le paragraphe 5 du préambule de la constitution, ainsi conçu :

« La République française respecte les nationalités étran-
« gères, comme elle entend faire respecter la sienne; n'en-
« treprend aucune guerre dans des vues de conquête et
« n'emploie jamais ses forces contre la liberté d'aucun peu-
« ple. »

« Vu l'article 54, chapitre V de la constitution, ainsi conçu :

« Le président veille à la défense de l'Etat ; mais il ne peut
« entreprendre aucune guerre sans le consentement de l'As-
« semblée nationale. »

« Vu enfin le paragraphe 1er de l'art. 168 de la constitution, ainsi conçu :

« Le président de la République, les ministres, les agents
« et dépositaires de l'autorité publique sont responsables,
« chacun en ce qui le concerne, de tous les actes du Gouver-
« ment et de l'administration. »

« Considérant que le corps expéditionnaire aux ordres du général Oudinot a, contrairement aux votes du 17 avril et du 7 mai dernier de l'Assemblée constituante, été dirigé contre la liberté du peuple romain ;

« Que, d'autre part, la guerre contre Rome a été entreprise non-seulement sans le consentement de l'Assemblée nationale, mais encore au mépris de la volonté formellement exprimée par elle de ne point attaquer la République romaine ;

« Considérant que ces faits constituent le crime de violation du paragraphe V et de l'art. 54 précités,

« Décrète :

« Le citoyen Louis-Napoléon Bonaparte, président de la République, et les citoyens Odilon Barrot, Buffet, Lacrosse, Rullière, de Tracy, Passy, Drouyn-de-Lhuys et de Falloux, ses ministres, sont accusés d'avoir violé la constitution. »

(*Suivent les signatures.*)

Voici la seconde pièce :

« Paris, une heure du matin.

« Nous, membres de la presse républicaine, nous membres du Comité démocratique socialiste, nous disons au peuple de se tenir prêt à faire son devoir.

« La Montagne fera le sien jusqu'au bout.

« Nous avons sa parole.

« Cinq représentants ont été délégués par elle pour aviser.

« Tous les républicains se lèveront comme un seul homme.

« *Les membres de la presse républicaine,*
« *Les membres du Comité démocratique socialiste.* »

Rien ne justifie mieux ce qui s'est passé dans la réunion que les mentions qui sont au bas de ces pièces. Il y a eu conférence entre les membres du comité de la presse républicaine et les membres du comité démocratique socialiste, puisqu'ils ont signé ensemble une proclamation qui est une de celles dont l'accusé Chipron reconnaît avoir fourni le manuscrit.

Cette proclamation vient immédiatement après celle de la Montagne, qui n'est pas signée, mais qui a été évidemment convenue, concertée dans toutes ces allées et venues que nous vous faisions suivre tout à l'heure, et qui ont existé pendant la soirée du 11, entre la réunion des bureaux du journal *le Peuple* et la réunion de la rue du Hasard.

Vous voyez que la déclaration de M. Laulerie, qu'un papier fut remis, trouve ici tout naturellement sa place, et que ce concert ne peut pas être méconnu, quand on voit se produire ensemble, avec ce rapprochement de signatures et de mentions, des actes qui partent d'une même pensée, et qui vont évidemment au même but.

A la suite de ces pièces se trouve la proclamation des écoles :

Proclamation des écoles.

« Citoyens,

« La constitution de la République française a été violée par le pouvoir exécutif.

« La majorité royaliste de l'Assemblée législative, par son ordre du jour, se rend complice de sa trahison. Elle se met elle-même hors la loi.

« La lutte est aujourd'hui entre la République et ses éternels ennemis.

« La minorité de l'Assemblée, la Montagne, soutient seule l'inviolabilité de nos droits.

« Tous les citoyens qui ont du cœur et une conscience républicaine doivent la soutenir dans l'accomplissement de ce devoir sacré.

« A vous, citoyens des écoles de Paris, qui avez pris l'initiative de la protestation vengeresse de février, de vous réunir les premiers autour du drapeau constitutionnel.

« Au signal de nos représentants, marchons tous en avant, au cri unanime :

« *Vive la République !* »

(Suivent les signatures.)

Le 12, vous le savez, la séance de l'Assemblée se termina fort tard, entre dix et onze heures, à dix heures un quart, d'après les renseignements qui paraissent les plus exacts. Vous savez quel en fut le résultat. La proposition de mise en accusation du président et de ses ministres fut rejetée. La Montagne s'abstint de voter. La condition prévue était arrivée, et, à ce moment-là, évidemment le complot existait déjà. S'il pouvait, dans certains esprits, s'élever quelques doutes fondés sur ce que les décisions de la veille étaient soumises à une condition dont l'échec était cependant prévu ; s'il y avait quelques doutes résultant de ce que cette condition, tant qu'elle n'était pas accomplie, pouvait suspendre la résolution définitive, la résolution constitutive du complot, tous ces doutes ont disparu dans la journée du 12.

Les dernières conférences ont eu lieu ; il y a eu une permanence ; on a lancé le matin des publications qui ne permettent plus l'hésitation, et, pour me servir d'une expression vulgaire, les vaisseaux sont brûlés ; il n'appartient plus à ceux qui sont lancés de reculer dans la voie qui leur est imposée. Aussi la déclaration du 13 vient-elle très-positivement et très-nettement formuler en actes la résolution d'agir qui a été prise la veille. Nous faisons, nous, cette différence entre les publications concertées du 12 et les publications con-

certées du 13, que celles du 12 sont comme la manifestation, comme l'expression extérieure du complot dont elles
sont encore un élément, tandis que celles du 13 ont paru
après le complot achevé, complet ; elles sont les actes commis
pour en préparer l'exécution ; elles en deviennent dès lors
la circonstance aggravante dans les termes de la loi. Il ne
faut pas vous y méprendre, les actes d'exécution du complot
ne sont pas comme les actes d'exécution de l'attentat ; il n'est
pas nécessaire qu'ils soient matériels. Ce qu'il faut, ce sont
des actes commis ou commencés pour préparer l'accomplissement du but résolu. Eh bien, lorsque la résolution était
arrêtée, que la condition était accomplie ; lorsque le vote de
lette proposition de mise en accusation, qui suspendait encore
ce résultat, était consommé ; lorsque la dernière délibération
avait eu lieu dans la réunion à laquelle nous allons arriver,
il est évident que les actes qui se publiaient le 13 étaient
quelque chose de plus que la révélation de la décision de
la veille, qu'ils étaient un commencement d'exécution et
l'appel à tout le monde de prêter main-forte. Il faut vous
rappeler en peu de mots le caractère de la réunion du 12
au soir.

Vous savez qu'une salle avait été préparée pour les représentants ; quelle est l'heure à laquelle elle l'a été. C'est un
point qui a fait difficulté dans les débats, qui a peu d'importance. Ce qui est certain, c'est qu'en sortant de l'Assemblée
nationale les représentants de la Montagne, ou du moins la
plupart d'entr'eux se sont rendus directement dans les bureaux de *la Démocratie pacifique*, où avait eu lieu la veille, en
vertu de convocations, une réunion qui avait engagé les
choses et les actes. Ce qui est certain, c'est que dans cette
soirée-là, aussi, il y a eu des convocations ; c'est qu'on a trouvé, soit au Conservatoire des arts et métiers, soit ailleurs,
un billet écrit par M. de Caudin, et adressé à l'accusé Cantagrel. Ce billet, écrit sur un papier provenant de l'imprimerie de *la Démocratie pacifique*, porte :

« Mon cher Cantagrel, j'arrive de Versailles, *convoqué*,
soyez assez bon pour m'introduire. »

Ce billet, d'après la déclaration de M. de Caudin lui-
même, aurait été transmis à M. Cantagrel, dans la soirée du
12, et on pense qu'il a été perdu par ce dernier au Conservatoire des arts et métiers. Ainsi il y avait eu non-seulement
des convocations pour la journée du 11, mais encore, des
convocations spéciales qui s'étendaient plus loin, pour la
soirée du 12, puisque M. de Caudin ne paraît pas avoir appartenu aux précédentes réunions.

Les représentants y arrivent ; à côté de la salle réservée aux
représentants (c'est un point constant maintenant), il y avait
une autre salle dans laquelle étaient les journalistes et les autres

personnes. Quant à ceux des accusés qui se trouvaient à cette réunion, vous avez entendu le témoin Toussenel; il avait dit positivement, dans sa première déclaration, qu'il y avait vu Servient; ici il a paru hésiter et revenir sur cette déposition; cela du reste, n'a pas grand intérêt, quant à présent. Chipron avoue; et il est bien certain qu'il a fourni la rédaction de la déclaration des comités qui a paru le lendemain 13. Langlois reconnaît aussi avoir été à cette réunion. Bureau était administrateur de *la Démocratie pacifique*; il se trouvait chez lui; il allait et venait, comme il l'a dit.

Il y a une autre circonstance qui ne vous a pas échappé : il y a été introduit des délégués du Luxembourg. Vous avez entendu à cet égard le témoin Vidal, qui vous a dit qu'il avait été appelé à la porte pour reconnaître les personnes qu'on annonçait comme les délégués du Luxembourg ; il n'était pas en mesure de les reconnaître; mais il a vu trois personnes qu'on lui a présentées comme telles. Ceci a quelque importance; car, dans les journaux du 13, nous retrouvons précisément, parmi les signataires des déclarations des comités, les délégués du Luxembourg.

Enfin, vous avez entendu, sur tout ce qui s'est passé-là, une déposition très-importante et très-complète, celle de M. Versigny. M. Versigny avait signé la proposition d'accusation ; il a donné des détails développés sur cette réunion ; il a expliqué comment et à qui on s'était adressé pour la rédaction du manifeste qui devait paraître le 13. C'est lui qui avait dit dans l'instruction, et qui a maintenu ici, ce qui n'a été contesté par personne, que la rédaction de ce manifeste avait été confiée aux accusés Ledru-Rollin, Considerant et Félix Pyat. Ces trois représentants passèrent dans une pièce à part pour s'occuper de ce travail. M. Versigny prétend que la declaration rédigée par eux était en termes fort mesurés, acceptés par lui ; il vous a dit qu'on avait proposé d'y substituer une déclaration plus énergique. Toujours est-il qu'il n'a pas signé. Il vous a expliqué comment on avait décidé d'un commun accord que l'on apposerait au bas de ce manifeste les noms qui étaient au bas de l'adresse à la démocratie allemande, publiée dans les journaux du 11. Ainsi, pour ceux qui étaient à la réunion, c'était une adhésion formelle à l'emploi de leurs noms. M. Versigny, qui ne paraissait pas trouver le manifeste tout à fait selon ses idées, vous a ajouté que, quand il avait su qu'on se servirait des noms imprimés au bas de l'adresse à la démocratie allemande, comme il savait que le sien ne s'y trouvait pas, il n'avait eu aucune observation à faire et s'était retiré. En effet, le nom de M. Versigny ne figure pas au bas du manifeste. On voit, et c'est un rapprochement facile à faire, que ce sont les signatures de l'adresse à la *démocratie allemande* qui s'y trouvent reproduites.

Ce fait est moins étonnant, pour un acte aussi grave, qu'il ne le paraît d'abord. Il existe, non pas encore à l'état de règlement, mais à l'état de projet, dans les pièces saisies chez le secrétaire de la réunion de la Montagne, quelques articles d'un règlement qu'il était chargé de faire. Il vous a expliqué dans quelles circonstances certains de ces articles avaient déjà été adoptés. Voici l'article 6 :

« Tout membre de la réunion qui, dans une question de principe, émettra un vote contraire au programme de la Montagne sera censé déclarer par cela même qu'il ne veut plus faire partie de la réunion ; il devra être immédiatement rayé de la liste. »

L'article suivant établit encore plus cette solidarité.

« Art. 7. L'union est la condition essentielle de la force des partis, lors même que ces partis sont la majorité. Tous les membres qui composent la Montagne doivent donc, pour marcher dans une union parfaite, se soumettre aux décisions prises par la majorité de la réunion. »

Vvous voyez que, d'après ce projet de règlement, d'après des articles déjà votés, qui valent au moins comme expression de l'accord qui existait sur ce point, les membres de la Montagne entre eux, dans la réunion de la rue du Hasard, se déclaraient liés par la majorité, ce qui est la règle des réunions de ce genre, et ce qui n'était pas tout à fait d'accord avec leurs principes d'alors, vis-à-vis de l'Assemblée nationale; mais enfin ils se déclarent liés entre eux par la majorité, liés au point de ne pouvoir pas se séparer ; ils sont tellement solidaires que, si l'un d'eux vote contrairement à l'opinion de la majorité, il est censé ne plus faire partie de la réunion.

Je dois ajouter que l'art. 42 du même projet est ainsi conçu :

« Art. 42. Le concours que chaque membre doit à la réunion, c'est-à-dire à la cause que la réunion représente et défend, ne doit pas être seulement un concours moral; chaque membre doit payer de sa bourse, comme il doit payer de son travail, comme il doit au besoin payer de son sang. »

Ainsi c'était une obligation étroite, impérieuse, que contractaient entre eux les membres de la réunion. Cela explique parfaitement, selon nous, ce qui s'est passé dans la soirée du 12. Cela explique cette convention, qui n'a pas même été discutée, qui a été acceptée, selon le témoignage de M. Versigny, d'appliquer à la déclaration qui devait être publiée le 13, les noms qui étaient au bas de l'adresse à la démocratie allemande. Nous savons qu'il est d'usage parmi les membres de la réunion de la rue du Hasard, que la majorité lie, et qu'il existe entre eux une solidarité complète.

Il faut maintenant, messieurs, que je vous donne lecture des pièces insérées dans les six journaux socialistes du 13, de ces pièces qui constituent les premiers actes d'exécution du complot. Dans l'édition du soir de *la Démocratie pacifique*, les trois pièces que je vais lire sont précédées de cette mention : « Les trois pièces qui suivent, arrêtées cette nuit, ont été publiées déjà dans notre numéro du matin. »

Vous voyez qu'avec ces trois lignes nous n'aurons pas de grands efforts à faire pour établir le concert, pour établir que ces déclarations ont été, pour me servir d'une expression légale empruntée au journal lui-même, arrêtées dans la nuit et dans la réunion où se tenaient alors les représentants de la Montagne, les membres de la commission des vingt-cinq, et du comité de la presse, ceux du moins pour lesquels on a pu l'établir, les délégués du Luxembourg, enfin tous ceux qui avaient un rôle à y prendre.

Il est donc certain, positif, reconnu par le journal même, qu'il y avait là connivence, accord, concert; que c'était de cette réunion que sortaient les résolutions dernières, définitives, suprêmes en quelque sorte :

« Le peuple seul est souverain.

« Les délégués du peuple, quels qu'ils soient, le président de la République, les ministres, les représentants eux-mêmes, ne reçoivent et ne conservent leur mandat qu'à la condition d'obéir à la constitution.

« Quand ils la violent, leur mandat est brisé.

« La constitution dispose, art. 54 : « Le président de la « République veille à la défense de l'Etat; mais il ne peut « entreprendre aucune guerre sans le consentement de l'As- « semblée nationale. »

« Art. 5 du préambule : « La République française res- « pecte les nationalités étrangères comme elle entend faire « respecter la sienne ; n'entreprend aucune guerre dans des « vues de conquêtes, et n'emploie jamais ses forces contre « la liberté d'aucun peuple. »

« Or le président de la République a déclaré la guerre à Rome sans le consentement de l'Assemblée nationale.

« Bien plus, au mépris du décret de l'Assemblée, du 7 mai, il a continué de faire verser le sang français.

« Enfin il a employé les forces de la France contre la li- berté du peuple romain.

« Cette double violation de la constitution est éclatante comme la lumière du soleil.

« Les représentants du peuple soussignés ont fait appel à la conscience de leurs collègues, en leur proposant la mise en accusation du pouvoir exécutif.

« La majorité de l'Assemblée a rejeté l'acte d'accusation ;

4

elle s'était déjà rendue complice du crime par son vote du 11 sur les affaires d'Italie.

« Dans cette conjoncture, que doit faire la minorité?

« Après avoir protesté à la tribune, elle n'a plus qu'à rappeler au peuple, à la garde nationale, à l'armée, que l'article 110 confie le dépôt de la constitution et des droits qu'elle consacre à la garde et au patriotisme de tous les Français.

« Peuple, le moment est suprème. Tous ces actes révèlent un grand système de conspiration monarchique contre la République. La haine de la démocratie, mal dissimulée sur les bords de la Seine, éclate en toute liberté sur les bords du Tibre.

« Dans cette lutte engagée entre les peuples et les rois, le pouvoir s'est rangé du côté des rois contre les peuples.

« Soldats! vous comptez arracher l'Italie aux Autrichiens; on vous condamne à seconder les Autrichiens dans l'asservissement de l'Italie.

« Au moment où la Prusse, la Russie et l'Autriche menacent nos frontières de l'Est, on veut faire de vous les auxiliares des ennemis de la France.

« Gardes nationaux, vous êtes les défenseurs de l'ordre et de la liberté. La liberté, l'ordre, c'est la constitution, c'est la République.

Rallions-nous donc tous au cri de : *Vive la constitution! vive la République!*

Avril (Isère), Anstett (Bas-Rhin), Arnaud (Var), Bac (Haute-Vienne), Baune (Loire), Benoît (Rhône), Bertholon (Isère), Brives (Hérault), Bruys (Saône-et-Loire), Breymand (Haute-Loire), Beyer (Bas-Rhin), Bandsept (Bas-Rhin), Boch (Bas-Rhin), Baudin (Ain), Bard (Saône-et-Loire), Boysset (Saône-et-Loire), Boichot (Seine), Aristide Bouvet (Ain), Bruckner (Haut-Rhin), Burgard (Haut-Rhin), Cholat (Isère), Commissaire (Bas-Rhin), Considerant (Seine), Cantagrel (Loir-et-Cher), Cassai (Haut-Rhin), Crestin (Jura), Chouvy (Haute-Loire), Chovelon (Haute-Loire), Combier (Ardèche), Clément, Delbetz (Dordogne), Detours (Tarn-et-Garonne), Deville (Hautes-Pyrénees), James de Montry (Côte-d'Or), Doutre (Rhône), Dulac (Dordogne), Duché (Loire), Delavallade (Creuse), Derricy (Jura), Marc Dufraisse (Dordogne), Duputz (Gers), Dussoubs (Haute-Vienne), Daniel Lamazières (Haute-Vienne), Ennery (Bas-Rhin), Fargin-Fayolle (Allier), Fond (Rhône), Faure (Rhône), Fawtier (Haut-Rhin), Frémond (Ain), Gambon (Nièvre), Gastier (Nièvre), Gilland (Seine-et-Marne), Gindriez (Saône-et-Loire), Greppo (Rhône), Heitzmann (Saône-et-Loire), Hofer (Haut-Rhin), Jannot (Saône-et-Loire), Jehl (Bas-Rhin), Joigneaux (Côte-d'Or), Jollivet (Dordogne), Kœnig (Bas-Rhin), Kopp (Bas-Rhin), Labrousse (Lot), La-

Claudure (Haute-Vienne), Lafon (Lot), Lamarque (Dordogne), Lamennais (Seine), Landolphe (Saône-et-Loire), Lasteyras (Puy-de-Dôme), Lavergne (Tarn), Ledru-Rollin (Seine), Louriou (Cher), Pierre Lefranc (Pyrénées-Orientales), Madet (Allier), Malardier (Nièvre), Martin Bernard (Loire), Mathé Félix (Allier), Mathieu (Drôme), Menand (Saône-et-Loire), Michel de Bourges (Cher), Michot (Loiret), Mie (Dordogne), Miot (Nièvre), Monnier (Haute-Loire), Morellet (Rhône), Mornaix, Muhlenbeck (Haut-Rhin), Nadaud (Creuse), Pelletier (Rhône), Perdiguier (Seine), Pflieger (Haut-Rhin), Pilhes (Arriège), Pons-Tande (Arriège), Pyat Félix (Cher), Racouchot (Saône-et-Loire), Rantian (Allier), Rattier (Seine), Richard (Cantal), Richardet (Jura), Rigaudie (Dordogne), Robert (Yonne), Rochut (Nièvre), Rolland (Saône-et-Loire), Ronjat (Isère), Roselli-Mollet (Ain), Rouaix (Arriège), Rouet (Nièvre), Rougeot (Saône-et-Loire), Roussel (Ain), Saint-Féréol (Haute-Loire), Salmon (Meurthe), Sartin (Allier), Savatier-Laroche (Yonne), Savoye (Haut-Rhin), Signard (Haute-Saône), Sommier (Jura), Suchet (Var), Terrier (Allier), Testelin (Nord), Vautier (Cher), Vignes (Arriège), Viguier (Cher).

Déclaration au peuple.

« Le président de la République et ses ministres sont hors la constitution !

« La partie de l'Assemblée qui s'est rendue leur complice par leur vote, s'est mise hors la constitution !

« La garde nationale se lève !

« Les ateliers se ferment !

« Que nos frères de l'armée se souviennent qu'ils sont citoyens, et que, comme tels, le premier de leurs devoirs est de défendre la constitution !

« Que le peuple entier soit debout !

« *Vive la République !*

« *Vive la constitution !*

« Le comité de la presse ;

« Le comité démocratique socialiste des élections ;

« Le comité des écoles ;

« Le comité des délégués du Luxembourg. »

Déclaration de l'association démocratique des Amis de la constitution.

« Art. 111 de la constitution : « L'Assemblée nationale « confie le dépôt de la constitution et des droits qu'elle con-« sacre à la garde et au patriotisme des Français. »

« Que tous les amis de la constitution, que tous les vrais citoyens se rappellent les devoirs que leur impose la loi fondamentale !

« Qu'une manifestation grande et calme comme la justice, solennelle comme la sainte cause des nationalités, fasse éclater la protestation du peuple français contre les audacieuses entreprises du pouvoir, et qu'elle assure désormais le triomphe de la constitution.

« La France entière s'associera aux généreux efforts du peuple de Paris. »

Ces trois pièces, messieurs, furent, indépendamment des journaux, publiées séparément dans de petits placards qui ont déjà passé sous vos yeux, et qui furent affichés de très-bonne heure dans Paris. Deux ont été saisis le 13, l'un à six heures du matin, rue Coq-Héron, n° 17, l'autre à onze heures du matin, sur le marché des Carmes. Ces imprimés, qui parurent à peu près en même temps que les journaux, appartenaient à la justification du journal le Peuple.

Il y a, indépendamment du caractère, indépendamment aussi de ce qu'on a saisi des exemplaires du placard dans les bureaux du journal le Peuple, il y a une inexactitude de chiffre qui n'appartient qu'à ce journal, et qui est exactement reproduite dans le placard : « Suivent 184 signatures. » Or, il n'y a jamais eu 184 signatures ; c'est 124 ; 122, suivant quelques autres journaux. 184 est évidemment ici pour 124. Le Peuple a mis 184 ; le placard renouvelle cette inexactiude, ce qui lui donnerait un véritable cachet d'origine, à défaut d'autre preuve.

Quant aux pièces dont nous venons de donner lecture, il n'est pas difficile aujourd'hui de leur faire, dans la discussion, la part de gravité qu'elles comportent. Il y a notamment dans la déclaration des comités cette mise hors la loi formellement prononcée contre la majorité. Ce n'est pas à coup sûr là, nous l'avons déjà dit, une simple résolution d'agir ; c'est un acte exécutant la résolution arrêtée, concertée la veille.

La résolution avait été prise ; mais lorsqu'on vient, au nom d'une minorité, déclarer, sous une constitution, sous un régime qui ne donne jamais à la minorité ce droit-là, déclarer qu'on s'établit en permanence, qu'on se regarde, supprimant une portion de la chambre, comme la seule représentation nationale ; lorsqu'on se pose ainsi, cela n'a pas deux manières de s'appeler, on fait une révolution, on renverse le gouvernement parlementaire, on le sape entièrement par la base ; c'est déjà un acte complet d'exécution, ou du moins un acte pour préparer l'exécution du complot.

Il serait difficile que l'on échappât à cette responsabilité Voici, par exemple, une déclaration faite tout récemment, que je trouve dans *la Tribune des peuples* du 3 octobre, déclaration qui appartient aux accusés du 13 juin réunis à Londres. Nous la prenons à dessein dans *la Tribune des peuples,* parce que c'est le seul journal qui ait donné le texte complet.

Les autres journaux ont supprimé un passage, une phrase que vous allez connaître, qui leur a paru probablement trop grave pour être reproduite ; cette pièces appartient au procès, elle émane d'accusés dont vous n'êtes pas, quant à présent, les juges ; mais elle appartient aux faits généraux de l'affaire, nous devons vous la lire :

Déclaration des prévenus du 13 juin réunis à Londres.

« Les débats sur l'affaire du 13 juin vont bientôt s'ouvrir à Versailles, et le ministère public nous fait sommation d'avoir à comparaître devant sa haute cour.

« Ne voulant pas entrer prématurément dans une discussion qui n'appartient pas à nous seuls, voici notre réponse en quelques mots, et le résumé sans phrases de nos motifs.

« Nous ne voulons pas, nous ne devons pas nous constituer au procès du 10 octobre :

« 1° Parce que nous ne pouvons accepter comme accusateurs ceux ou les serviteurs de ceux que nous avons dénoncés au pays comme atteints et convaincus d'avoir violé la constitution. »

Les versions des autres journaux s'arrêtent là. *La Tribune des peuples* ajoute :

« *En assassinant la république romaine, ceux que nous avons déclarés déchus et que nous avons mis hors la loi pour flagrant délit de haute trahison.* »

Ainsi, indépendamment du raisonnement que nous faisions tout à l'heure au sujet de la convention dont dépose M. Versigny, convention qui a été acceptée par les signataires, de laisser apposer au bas de l'*appel au peuple* les noms de l'adresse aux démocrates allemands, voilà évidemment, de la part des auteurs de cette lettre, la reconnaissance et la preuve qu'ils ont entendu faire un acte très-sérieux, qu'ils ne sont pas de ceux qui protestent contre leur signature apposée au bas de cet acte ; ils en acceptent toute la responsabilité, ils en reproduisent les termes, ils s'en font un motif pour ne pas comparaître devant le haut jury.

Ils continuent :

« 2° Parce que nous ne pouvons accepter pour juges légitimes des magistrats d'exception et de circonstance, investis d'un pouvoir judiciaire souverain en vertu d'une constitu-

tion violée, et par mandat, sur appel et convocation des violateurs eux-mêmes.

« 3° Parce que nous sommes profondément convaincus
qu'en nous constituant entre les mains de nos ennemis, et
cela contre la logique de la situation, nous tomberions dans
un guet-apens judiciaire.

« Le Gouvernement, en effet, ne laissera pas plaider et
prouver qu'il a violé la constitution ; il ne peut laisser plaider et prouver son crime : ainsi notre défense ne serait possible que sur les faits matériels du 13 juin, faits accomplis
par nous dans la mesure de nos droits, dans l'ordre de nos
devoirs, et sur lesquels nous ne saurions consentir à nous
justifier, non plus qu'à nous défendre.

« 4° Parce qu'enfin il nous paraît contraire aux intérêts
de notre parti, qui est celui de l'Europe républicaine, de livrer nos armes, d'ensevelir nos efforts, notre propagande
dans les citadelles de la contre-révolution, ou de les stériliser
en les exilant au delà des mers, et cela quand la République
française, tous les peuples étant au joug, aura bientôt à livrer sa dernière bataille contre les traîtres du dedans et les
cosaques du dehors. Est-ce que Mazzini, Bem, Kossuth et
Garibaldi seraient plus redoutables à l'Autriche, au fond de
ses cachots, que sur la terre étrangère, où leur liberté pre-
pare l'avenir ?

« Tels sont les motifs qui nous commandent de ne pas nous
constituer, de ne pas nous offrir en trophée de victimes à nos
ennemis. Ne seraient-ils pas trop heureux, après nous avoir
bâillonnés, d'*écumer* de nouveau la révolution, comme ils
disent, et de passer contrat sur nos corps avec la vieille Europe que peuvent troubler nos cris vengeurs et qui ne sait
dormir qu'au bruit des chaînes !

« On nous a dit que notre résolution serait calomniée,
qu'on l'interpréterait à mal. Si cela vient de nos ennemis,
peu nous importe; si ce sont nos amis, qu'ils réfléchissent
avant de blâmer.

« Nous leur dirons à tous, en finissant, que, s'il leur arrive
jamais d'être jetés à l'exil après un grand devoir accompli,
leur liberté ne nous paraîtra pas un privilége, et nous ne les
accuserons pas de bonheur.

« LEDRU-ROLLIN, ETIENNE ARAGO, MARTIN
BERNARD, LANDOLPHE, RATTIER, CH. RI-
BEYROLLES, ED. MADIER DE MONTJAU
jeune. »

Comme je le disais tout à l'heure, cette déclaration
est l'acceptation la plus complète des actes qui mettent la
majorité hors la loi, et de ceux qui se sont accomplis dans
la journée du 13.

Nous avons maintenant, messieurs, à vous lire, en terminant ces publications du 13, un passage d'un article du journal *la Révolution démocratique et sociale*, ainsi conçu :

« Bientôt, selon toute apparence, la France sera délivrée de ce détritus monarchique qui s'était glissé au sein de la République, à la faveur du suffrage universel un instant trompé dans ses choix. Ce qu'il y a d'admirable, c'est que, si Paris est condamné une fois encore à faire de la dictature révolutionnaire, on ne l'accusera pas d'imposer sa dictature tyrannique au reste de la France. Nos cartons sont pleins de lettres des départements, dans lesquelles les citoyens les mieux posés gourmandent de leurs retards Paris et la Montagne; nos confrères sont dans le même cas, et d'ailleurs, pour donner un exemple irrécusable, il est facile de s'assurer que le langage de la presse démocratique de Paris pâlit à côté de l'énergie révolutionnaire de la presse départementale. Ainsi, l'impulsion va de la circonférence au centre, et Paris ne fera qu'exécuter la volonté souveraine de la nation.

« Les émigrés, les verdets et les chouans de la Législative et de la presse vont se récrier à part soi, et cependant nous sommes loin d'exagérer; ils en auront bientôt la preuve. »

C'est le journal du 13 qui contient les actes que nous venons de lire, et qui y joint cette appréciation :

« Tout ce que nous craignions, c'était que la majorité n'eût épuisé hier tout son courage en applaudissant les Barrot, les Ségur et les Dupin, et ne revînt sur ses projets de résistance pour s'humilier devant la minorité. C'eût été regrettable, car enfin il ne suffit pas de se débarrasser de Bonaparte et des comparses que M. Thiers fait mouvoir à sa suite ; il nous eût fallu garder cette ménagerie de blancs et de jésuites, qui, tout en se faisant hypocrites et rampants, ne cesseraient pas de faire une guerre sourde à la République, tandis que la Législative, refusant la mise en accusation, nous nous retrouverons en face de la question révolutionnaire et d'une solution non douteuse.

« Nous nous plaisons à le reconnaître, les chevaliers du trône et de l'autel ont eu le courage de leur entêtement. Qu'ils en reçoivent nos remercîments ! *L'action ne se fera pas attendre*, nous les en prévenons charitablement, et s'ils veulent faire leurs malles, ils n'ont pas de temps à perdre. Toutefois, nous nous permettrons de leur faire cadeau d'un second conseil aussi gratuit et non moins utile que le premier. Qu'ils se méfient de la réception qui les attend dans leurs départements : le paysan s'éclaire, il est fatigué de porter le bât, et il pourrait bien montrer les dents à ses seigneurs et maîtres. »

Ainsi, le journal lui-même qui publie les actes du 13, ne se méprend pas sur leur valeur, il les fortifie par son commentaire ; il va jusqu'à exprimer cette crainte, qu'il a eue un instant, que les choses n'allassent pas au point d'amener ce qu'il appelle l'action, et il se félicite de ce qu'il nomme l'entêtement de la majorité, afin de se retrouver en face de la question révolutionnaire.

Il n'est pas possible de préciser mieux et davantage, le caractère de l'acte que nous qualifions, nous, d'acte d'exécution du complot.

(L'audience, suspendue à deux heures et un quart, est reprise à trois heures.)

M. le président. M. l'avocat général a la parole.

M. l'avocat général de Royer. Messieurs les jurés, dans les nombreuses citations que nous avons été obligés de faire passer devant vous, nous avons cherché à établir avec des pièces, et des pièces incontestables, que les premiers actes extérieurs du complot se passaient dans la journée du 11, que l'adresse de la commission des vingt-cinq à l'Assemblée nationale était un de ces actes les plus précis et déjà les plus décisifs.

Nous vous avons montré la Montagne obéissant le jour même à l'injonction, en quelque sorte, que lui fait la commission des vingt-cinq, au nom des électeurs qui ont engagé leurs voix.

Nous vous avons montré, le 11 au soir, s'accomplissant dans la réunion qui avait lieu rue Coq-Héron et rue du Hasard, une résolution conditionnelle, mais avec une condition telle qu'elle n'en perd pas pour cela, selon nous, le caractère de résolution d'agir déjà déterminée.

Nous vous avons montré même, par ce qui se passait entre les diverses personnes qui avaient assisté à la réunion du matin et qui se séparaient de celle du soir, combien la nuance s'établissait peu à peu, et comment, à mesure que le complot grandissait et s'affermissait, ceux qui ne voulaient pas prendre part au complot, s'éloignaient et se retiraient.

Nous vous avons montré, le 12 au soir, les résolutions définitives et dernières qui constituent le complot, et si nous avons rencontré comme adversaire de cette opinion l'opinion de M. Versigny, nous vous avons établi qu'il n'y avait qu'une seule chose à répondre à M. Versigny, c'est qu'en définitive il n'a pas signé la pièce concertée ce soir là ; c'est qu'il n'y a pas laissé mettre son nom et qu'il ne s'est retiré que quand il a su que son nom ne se trouvait pas sur les types de signatures qui devaient être appliqués.

Nous vous avons montré les publications du 13, qui ne constituent plus un acheminement vers le complot, mais qui sont, au contraire, la révélation du complot terminé, du complot ayant acquis son caractère légal, et qui, dès lors, en deviennent les premiers actes d'exécution ; actes impor-

tants et graves, actes qui convient le peuple, la garde nationale à la défense de la constitution qu'on déclare violée ;
actes qui, parlant au nom et sous l'autorité d'une partie de
l'Assemblée nationale, ne pouvaient presque pas rencontrer
d'hésitation chez ceux auxquels ils prétendaient s'adresser.

Enfin, parmi ces pièces se trouve la déclaration de la
presse et des autres comités, conçue dans les termes les plus
formels et les plus précis ; elle plaçait la majorité *hors la constitution*, c'est-à-dire, hors la loi, et la déclaration des accusés de Londres, rapportée par la *Tribune des peuples*, ne
peut laisser de doute sur la portée de ces mots.

Ce sont là, messieurs, tout autant d'actes d'exécution dans
le système de l'accusation. Les publications du 13 juin ont
pris un corps ; elles ne sont plus le complot à l'état de formation, mais le complot à l'état d'exécution ; elles sont une
circonstance aggravante du complot, et lui donnent un dernier et un souverain caractère. Il ne peut y avoir d'objection sur ce point, ce n'est pas là un délit de publication ; le
délit de publication se prend dans un tout autre ordre d'i-
nées : ce n'est pas le fait même intrinsèque de l'écrit qui
est incriminé ici, c'est la pensée du complot qui apparaît
manifeste ; c'est la révélation de ce qui s'est passé la veille ;
le procès de presse se poursuit ailleurs, et si les publications
dont il s'agit figurent ici, c'est parce que ces actes ainsi imprimés vous faisant assister en quelque sorte à ce qui a été
conçu, à ce qui a été concerté, sont, je le répète, la révélation extérieure et saisissante du complot, c'est parce
qu'ils lui donnent le corps et la vie et qu'ils en préparent
l'exécution.

Enfin, nous vous avons fait remarquer que le concert résultait encore de la simultanéité des signatures, et qu'on
arrivait à retrouver au bas de ces pièces à l'élaboration
desquelles vous avez en quelque sorte assisté, à retrouver
précisément tous les éléments de l'accusation, le Comité
démocratique socialiste, le Comité de la presse et la montagne, tout ce qui a concouru aux divers actes du complot.

Il y a d'autres preuves de ce concert, d'autres preuves de
ces résolutions, d'autres actes d'exécution. Il y en a un entre autres que vous avez nommé, c'est la manifestation.
Mais la manifestation n'est pas seulement un des actes matériels les plus énergiques et les plus décisifs du complot arrêté, elle est encore par les circonstances qui s'y sont pro-
duites et que nous relèverons les unes après les autres, justi-
fiant tout ce qui doit être justifié, à notre point de vue du
moins, ne laissant rien d'incomplet, rien de douteux ; elle
est, selon nous, un des actes qui constituent l'attentat, qui
constituent l'exécution ou la tentative de l'attentat. C'est à
cet ordre de faits que nous allons arriver.

Quelle est l'origine exacte et précise de la manifestation du 13 juin ?

Il ne peut rester aujourd'hui, à l'état de l'instruction, avec les dernières révélations des débats, il ne peut rester aucun doute sur ce point.

Vous vous rappelez la déposition du lieutenant-colonel Duthy : c'est le dimanche, 10 juin, vers cinq heures du soir, que deux ou trois cents gardes nationaux se sont présentés chez lui et lui ont apporté une protestation, qu'ils disaient circuler dans la 5e légion ; ils lui ont proposé de prendre l'i-nitiative et de recommander la protestation à l'imitation des autres légions. Vous avez entendu la réponse de M. Duthy. Il refusa cette protestation qui fut précisément insérée dans un des journaux du 11 ; on trouve en effet, dans le *Peuple*, par exemple, une lettre adressée au colonel à l'occasion du projet d'une manifestation de la garde nationale.

Voici cette lettre :

« La lettre suivante a été adressée aujourd'hui au colonel de la 5e légion de la garde nationale de Paris :

« Colonel,

« Trois cents gardes nationaux de la 5e légion viennent vous inviter à prendre près de vos collègues l'initiative d'une réunion de toute la garde nationale de Paris, pour protester énergiquement devant l'Assemblée législative et le pouvoir exécutif, contre la guerre fratricide que nos soldats accomplissent sous les murs de Rome et contre la violation des art. 5 et 54 de la constitution.

« Ils espèrent qu'une manifestation de la garde nationale de Paris, cédant au vœu et au sentiment populaire, aurait pour effet de faire cesser cette guerre impie où s'entregorgent nos frères que la République française devrait réunir sous le même drapeau, pour la défense de la démocratie euro-péenne. »

M. Duthy vous a dit aussi ce qui n'est pas sorti de vos souvenirs, et ce qui n'en doit pas sortir, que dans le nombre de ces gardes nationaux, un officier qu'il a nommé, le capitaine Remola, avait reconnu des chefs de clubs, des individus appartenant à la société des Droits de l'Homme. Retenez ce souvenir, il aura sa place un peu plus loin dans la discussion, mais quant à présent, constatons avec le lieutenant-colonel Duthy... qui est un témoin dont la parole a été aussi claire, aussi simple que loyale, que le capitaine Remola lui a montré dans la 5e légion, des chefs de clubs, des hommes ayant appartenu à la société des Droits de l'Homme, à la section de la rue Albouy, et enfin, ce qui est très-significatif, des gardes nationaux qui avaient substitué sur leurs schakos le chiffre de la 5e légion à un autre chiffre, la ma-nifestation se faisant et s'organisant au nom de la 5e légion.

Je vous laisse à apprécier, sans plus de commentaires, l'importance de ce fait... Dans la journée du 11, on revint chercher la réponse chez M. Duthy. Il vous a rapporté ce qu'il a dit, il vous a rapporté comment il avait refusé de prendre part à cette protestation.

C'est de chez lui qu'on s'est rendu au manége Pellier dans la journée.

Vous savez comment les prétendus délégués de la 5ᵉ légion se sont trouvés au manége Pellier; c'est un point qui a assez d'importance et sur lequel je vous demande la permission d'appeler quelques instants votre attention; c'est là un point qui nous paraît, à nous, très-clairement démontré aujourd'hui, qui est un lien entre divers ordres d'accusés, et qui a reçu en quelque sorte une démonstration nouvelle.

Le manége Pellier a été loué, le 9, par deux gardes nationaux, dit M. Pellier ; deux ou trois, il n'est pas bien sûr. L'accusé Maillard, chez lequel on a saisi une lettre du sieur Bulan, reconnaît aujourd'hui que c'est effectivement lui qui a fait louer le manége Pellier; seulement ici s'établit la discussion.

L'accusé Maillard soutient, et a toujours soutenu, qu'il est complétement étranger à l'organisation de la manifestation ; qu'il a loué ou fait louer la salle du manége Pellier pour une réunion préparatoire relative à l'élection du colonel de la 5ᵉ légion.

Quant à l'élection du colonel de la garde nationale, vous vous rappelez tous la déposition de M. Duthy. La démission est du 4 mai, et le lieutenant-colonel qui doit, à coup sûr, être informé de ce qui se passait relativement à cette élection a dit qu'on s'en était fort peu occupé jusque-là et qu'il n'y avait encore eu aucune convocation officielle à ce sujet. Quoi qu'il en soit, il y a quelqu'un dont la déposition est plus utile et plus précise, c'est celle de M. Pellier. M. Pellier n'a jamais dit qu'on lui eût loué une salle de deux côtés; il paraît bien que les prétendus délégués de la 5ᵉ légion sont venus dans la journée au manége, à la sortie de chez M. Duthy ; mais il est hors de doute, et c'est avoué par eux, par l'accusé Schmitz, qu'ils y sont retournés le soir. Il y a déjà, il faut bien le dire, quelque chose de très-invraisemblable et de très-bizarre dans le hasard qui ferait rassembler dans la même salle, à deux ou trois heures de distance seulement, des hommes qui se seraient tranquillement occupés de l'élection d'un colonel, dans un pareil moment, et des hommes qui organisaient une manifestation pour un jour très-grave, pour un jour qu'on signalait comme un jour de violation de la constitution, de telle façon que ces hommes se rencontreraient exactement et fortuitement, les uns entrant, les autres sortant. Cette invraisemblance mérite d'être pesée, d'être approfondie, et je crois que la solution ne sera pas longue à obtenir.

Je vous répète que jamais Pellier n'a parlé de deux locations : la location qui a été faite le 9, Buland l'a annoncée à l'accusé Maillard en ces termes :

« Citoyen Maillard,

« J'ai arrêté la salle du manége Pellier, faubourg Saint-Martin, pour lundi 11 ; c'est la seule chose que j'ai trouvée disponible ; mes collègues du 5ᵉ en sont prévenus.

« BULAND,

« *Délégué du 5ᵉ arrondissement.* »

Voyez déjà ce rapprochement :

La manifestation est organisée par des hommes qui s'intitulent délégués de la 5ᵉ légion ; Buland se dit délégué du 5ᵉ arrondissement. Les légions, vous le savez, marchent avec les arrondissements ; par conséquent, même chiffre, même arrondissement, même légion.

L'accusé Maillard, à qui l'on écrit, appartient, il ne peut le nier, à la Commission des vingt-cinq, et, il me permettra de lui dire, sans peser davantage sur sa position, que, membre de la Commission des vingt-cinq à la date du 11 juin, lorsque le 10 il assistait à la réunion qui élaborait l'un des actes que nous venons de vous signaler comme un des premiers actes essentiels du complot, il avait autre chose à faire que de s'occuper d'une réunion préparatoire pour l'élection d'un colonel. Cela n'est pas vraisemblable ; cela ne se rapporte en aucune façon à ce qui se passait à propos de la location, à ce qui a été rapporté par celui qui a loué le manége ; et ce qu'il faut en conclure, c'est qu'il y a lien, lien inévitable, invincible, et qui n'est pas très-difficile à saisir, entre la Commission des vingt-cinq et les organisateurs de la manifestation.

Le manége a été retenu pour la création et l'organisation de la manifestation. En voulez-vous la preuve ? Vous l'avez dans les débats. Vous avez entendu le témoin Deblin, témoin très-net et très-précis : il vous a rapporté ce que lui avait dit Edouard Schmitz. Celui-ci a bien envoyé une lettre pour lui donner une sorte de démenti : il a une position respectable, et que nous respecterons ; nous ne le soupçonnerons pas de manquer à la vérité ; nous le soupçonnerons d'un intérêt fort légitime pour son frère accusé ; mais nous ne pouvons mettre en balance la déclaration d'Edouard Schmitz avec la déclaration d'un témoin aussi ferme et aussi précis que l'a été Deblin venant déposer ici sous la foi du serment.

Deblin a prononcé ces paroles, qui retentissent encore à nos oreilles : « Je vous jure sur l'honneur qu'Edouard Schmitz m'a dit que la réunion préparatoire pour le colonel était un prétexte; que l'on s'est réuni, sous la présidence de Charles Schmitz, sous le prétexte d'une réunion préparatoire pour l'élection d'un colonel. » Ainsi ce que l'accusé Maillard indique être un but, et un but sérieux de sa part, isolé, indépendant de la manifestation, ce qui est déjà presque impossible, ce qui est surtout invraisemblable, voilà précisément un témoin, et un témoin qu'aucune raison ne permet de suspecter, qui vient dire que c'est, au contraire, le prétexte qui a servi à l'organisation de la manifestation.

J'en conclus que si les organisateurs de la manifestation, présidés par Schmitz, se sont rencontrés dans le manége Pellier avec ceux qui venaient sous le prétexte de la réunion préparatoire du colonel, avec ceux qui étaient délégués du 5ᵉ arrondissement, à côté des délégués de la 5ᵉ légion, ils s'y sont rencontrés tout naturellement, parce que le concert, qui existait ailleurs, existait là; parce que la manifestation était le but, le but unique des uns et des autres.

Je vais vous dire encore autre chose.

Vous avez entendu le témoignage de M. Versigny, et vous ne l'avez pas oublié. Il vous a dit que, le 12 au soir, il avait trouvé une opinion bien arrêtée chez plusieurs de ses collègues, celle d'adhérer à la manifestation.

Nous lisions encore ce matin sa déposition dans *le Moniteur* et dans l'instruction ; il disait que lorsqu'un délégué des *Amis de la constitution* s'était présenté on paraissait incliner dans ce sens et préférer, je crois que c'est le mot dont il s'est servi, la manifestation comme moyen de réaliser et de compléter les résolutions que l'on avait prises le matin.

Plaçons-nous dans la logique de la situation, dans la logique des choses ; lorsque des hommes qui étaient des hommes politiques sérieux, qui appartenaient à la représentation nationale, se décidaient, pour des motifs que nous ne jugeons pas quant à présent, à prendre une résolution aussi grave que celle qu'ils ont prise dans les journées des 11, 12 et 13 juin, s'associaient au comité de la presse, mettaient la majorité hors la loi, il fallait que cela eût une issue; et si l'on ne suivait pas le conseil donné par Langlois dans la journée du 12, celui de rester inébranlables à la chambre, si l'on ne suivait pas l'opinion de M. de Girardin, de s'installer d'une manière permanente sur les bancs de l'Assemblée, et de déclarer qu'il n'y avait plus que les représentants constitutionnels, c'est-à-dire une fraction de chambre, il fallait bien faire quelque chose, car enfin cet appel au peuple qu'on avait jeté dans les journaux du 13 était quelque chose qui portait sa semence et qui devait porter son fruit révolutionnaire. Il fallait que cela eût une conséquence, et puisque, entre les opinions que M. Versigny trouvait flottantes et hésitantes, on n'adoptait pas la première, celle de s'installer toute la nuit à la chambre et de ne pas sortir de cette chambre d'où l'on expulsait la majorité, on devait nécessairement arriver à la manifestation, c'est pour cela que le 12 juin au soir, M. Versigny vous le dit, lorsque le délégué des *Amis de la constitution* se présenta et parla de la manifestation, il fut à peu près convenu qu'on adhérerait à la manifestation. C'était une issue, et nous devons le dire pour arriver à la vérité des choses, car si nous espérons ne pas nous écarter de la mesure du langage, il faut que nous abordions énergiquement la pensée ; c'était un moyen de compléter par les actes révolutionnaires la pensée que l'on avait prise le matin. C'était une exécution, une situation à laquelle il fallait nécessairement arriver. Quand une minorité a pris le parti de mettre la majorité hors la loi, de s'installer contre elle, de la déclarer déchue, il est évident que la situation ne peut durer ainsi ; on ne pouvait rester ainsi en face : la minorité qui déclarait la déchéance, et la majorité qui n'accepterait pas cette déchéance. Il fallait une solution, et une solution révolutionnaire était dans la nécessité des choses.

Aussi voyez ce qui se passe au manége Pellier : le soir on revient. Il serait assez inexplicable que ceux qui étaient venus dans la journée eussent cédé la place à la réunion préparatoire pour l'élection du colonel, et qu'à neuf heures ils vinssent reprendre la place de ceux qui, sérieusement, ne pouvaient pas s'occuper de l'élection du colonel. Ils reviennent, et ils sont sous la présidence de Schmitz, qui le reconnait lui-même.

Rappelez-vous, car je ne puis pas séparer cela, rappelez-vous la déposition de Deblin, qui déclare sur l'honneur qu'Edouard Schmitz lui a dit que cela s'était passé ainsi ; que l'élection du colonel n'avait été pour tout le monde qu'un prétexte. Rappelez-vous ce que vous a dit M. Pellier, le propriétaire du manége. Il vous a dit : « De l'élection du colonel, il n'en a même pas été question. On lui avait fait un petit mensonge. » C'est l'expression dont il s'est servi. Cela concorde parfaitement avec ce qu'Edouard Schmitz a dit à Deblin.

Il y a plus, M. Pellier s'était annoncé comme ayant beaucoup de rectifications à faire dans sa déposition écrite, et il a fini par dire un peu plus qu'il n'avait dit dans l'instruction. Il a déposé qu'on était venu annoncer devant lui une députation de la Montagne. Dans cette soirée, M. Pellier a probablement commencé à comprendre, comme d'autres l'avaient compris ailleurs, de quoi il s'agissait, et il ne s'est plus soucié de laisser son manége servir à de pareils usages. C'est alors, bien qu'il ait coloré ici les motifs qui l'ont guidé, qu'il a préparé ce moyen pour tirer tout le monde d'embarras, de faire éteindre le gaz. Bref, il a obtenu

que la réunion ne continuât pas. Les prétendus délégués se
sont alors retirés, comme le disait l'accusé Schmitz, je crois,
dans la salle Saint-Jean, salle où, d'après ce qu'Edouard
Schmitz aurait dit encore à Deblin, ils auraient attendu
longtemps les ordres de la Montagne pour savoir s'ils iraient
armés ou non armés à la manifestation.

Vous voyez donc qu'il y avait des pourparlers ; que cela
s'accorde merveilleusement avec ce que disait M. Versigny,
que dans la soirée du 12, rue de Beaune, on s'était occupé
de la manifestation, et que l'on inclinait vers ce moyen. Tout
cela se touche, tout cela se justifie, tout cela concorde.

La conclusion à en tirer, c'est que le manége Pellier a été
loué pour l'organisation de la manifestation, et que la 5ᵉ légion et le 5ᵉ arrondissement qui se fondaient ensemble
n'ont eu qu'un but, un but qu'ils ont voilé sous un prétexte ;
c'est que l'accusé Maillard, qui était membre de la Commission
des vingt-cinq, qui avait assisté le 10 à la délibération de
l'adresse à l'Assemblée nationale, savait parfaitement ce
qui se faisait, quand il venait occuper le manége, savait de
quoi il s'agissait, puisque la lettre au colonel était déjà écrite
dans les journaux du 11.

Il ne faut donc pas s'étonner si l'on trouve dès le 10 juin
quelques traces des projets de la délégation qui entreprenait
d'organiser la manifestation.

La lettre publiée le 11 n'est pas le seul appel qui ait été
fait pour la manifestation.

Le 13, les journaux contiennent une convocation positive
ainsi conçue :

Appel à la garde nationale.

« La constitution est violée ; nous avons la mesure de ce
que nous devons attendre d'une politique qui trahit la patrie
et outrage toutes les lois de l'humanité.

« Attendu la gravité des circonstances qui nous mènent à
la guerre civile et la flétrissure jetée à la face de la France
républicaine par les démocrates de tous les pays, digne résultat des menées d'un gouvernement antirépublicain ;

« Nous, délégués de la 5ᵉ légion, engageons, au nom de la
patrie en danger, les citoyens appartenant à toutes les légions
de la Seine à se réunir demain mercredi, à onze heures du
matin, au Château-d'Eau, en face de la mairie du 5ᵉ arrondissement, en tenue, sans aucune arme, pour de là nous
transporter à l'Assemblée législative, afin de lui rappeler le
respect dû à la constitution, dont la défense est confiée au
patriotisme de tous les citoyens.

« Plus d'hésitation, plus de questions personnelles en face
d'un moment aussi décisif ! Joignez-vous à nous, et bientôt,
forts de notre conscience, de notre union, de nos droits, nous

pourrons nous glorifier d'avoir relevé la dignité de la France aux yeux de l'Europe!

« La grande voix du peuple, si puissante lorsqu'il s'agit de l'humanité, ne peut rencontrer d'adversaires. Nous aurons rétabli sur ses bases la constitution, seul boulevard que nous puissions aujourd'hui encore opposer aux efforts réunis de tous les ennemis de la République.

> « *Les membres de la commission exécutive permanente, délégués des membres du comité de la 5ᵉ légion,*
>
> « Schmitz, président; Demay, Ricateau, vice-présidents ; Barbier, secrétaire ; Dessaires, Bottin, Berthier, Godet, Meissonnier, Pellion, Poujol, Poitevin, Benoit, Bennier, Brocard, Bernard, Gérard, Cassigneul, membres. »

Voilà l'appel positif, voilà la convocation définitive pour onze heures sur le boulevard, en face du Château-d'Eau.

Il a été établi à l'audience d'hier et à d'autres audiences que cette délégation elle-même était quelque chose de fort chimérique. Le lieutenant-colonel Duthy, de la 5ᵉ légion, vous a dit qu'il n'avait jamais connu de délégués dans la 5ᵉ légion, qu'il ne savait pas qu'elle en eût nommé. Il n'y a pas de titre officiel; ce sont eux qui se sont donné le titre de délégués. Il est certain qu'ils n'ont pas été chargés par la 5ᵉ légion entière, ni même en majorité, de procéder à l'organisation de la manifestation, ni de prendre le nom de délégués. C'est un point, je crois, hors de contestation.

Maintenant ce qui prouve encore le concert qui lie la manifestation dont nous venons de vous démontrer l'origine aux publications du matin, ce qui démontre que, dans cet ordre d'idées, elle était devenue un acte d'exécution nécessaire du complot, c'est une lettre qui a été trouvée au Conservatoire des arts et métiers et dont on vous a déjà entretenus. Cette lettre est d'un sieur Benard Dieulafay, elle est adressée à l'accusé Ledru-Rollin; elle est ainsi conçue :

« Citoyen Ledru-Rollin,

« Tout va à merveille; la nuit a été fructueusement employée : *à* 11 *heures ou midi*, le peuple sera debout avec une arrière-garde armée en cas d'*événement*. Je fus hier soir chez vous pour vous donner avis des arrestations nombreuses qui venaient d'avoir lieu et vous engager fortement à ne pas passer la nuit à votre domicile. Beaucoup de mes amis et des vôtres sont, à l'heure qu'il est, sept heures du matin, dans une grande anxiété, car le bruit s'est répandu que plusieurs de vos collègues avaient été arrêtés. Enfin, le moment suprême est arrivé. Le peuple compte sur la Montagne et particulièrement sur vous.

« N'ayant pu rentrer chez moi, je me trouve, ainsi que plusieurs citoyens de mes amis, à peu près sans argent : voyez si vous voulez me faire, au nom de la patrie en danger, mais heureuse et libre demain, avance de quelques fonds... Cette lettre vous sera remise par les soins d'un bon patriote chez qui je suis en ce moment.

« *Vive la République démocratique et très-sociale !*

« Dieu vous garde !

« BENARD DIEULAFAY. »

Cette lettre, je le répète, afin que cela soit bien constaté, a été trouvée et saisie par M. Filhon, juge d'instruction, au Conservatoire, le 14 juin, c'est-à-dire le lendemain des événements. On a trouvé la lettre d'un côté, et l'enveloppe de l'autre ; elle avait été abandonnée là ; c'est une des lettres dont on s'était défait.

Voilà dans quelle situation elle a été trouvée. Je ne sais ce qu'on pourra opposer à la gravité des termes de cette lettre ; ce qui est évident pour quiconque l'a lue, c'est qu'elle porte avec elle un caractère de sincérité et d'exactitude, s'il en fut jamais ; à coup sûr, si l'on était tenté de reproduire contre cette lettre le reproche que l'on faisait l'autre jour aux barricades du Conservatoire, ce dont nous aurons à nous expliquer tout à l'heure, d'être fabriquée par des moyens que l'on indique d'une manière très-transparente, il ne viendrait à la pensée de personne qu'une lettre ainsi fabriquée pût contenir un tel post-scriptum, post-scriptum qui suppose une relation très-intime entre les deux personnes, et qui porte un de ces cachets auxquels on ne se trompe pas.

Il n'y a pas de démonstration qui vaille mieux que cela. Il est certain que cette lettre a été écrite à l'accusé Ledru-Rollin, et qu'elle coïncide précisément avec tout ce qui s'est passé. Elle rappelle l'organisation de la manifestation ; elle est, elle aussi, la conséquence nécessaire des actes et des décisions du matin ; car il est évident que, quand on s'était décidé à porter à la tribune ce cri, si grave et si rare, ce cri de guerre qu'on faisait entendre pour soulever toute une population, on devait s'attendre à recevoir, sinon à commander des communications comme celle-ci : « Le peuple sera debout avec une arrière-garde armée en cas d'événements. »

Voilà le commentaire le plus naturel, le plus logique de ce qui avait été dit à la tribune nationale, le 11 juin. C'était la défense armée que l'on avait annoncée ; la défense armée a été organisée pendant la nuit ; « *tout va à merveille ; la nuit a été fructueuse.* »

Ainsi vous voyez que le complot était sérieusement con-

duit ; vous voyez surtout que ce n'était pas là une manifestation spontanée, que ce n'était pas là un de ces élans
patriotiques qui s'emparent de toute une population, qui
éclatent alors, nous voulons bien le croire et le reconnaître,
avec une certaine autorité, et peut-être par moments, quand
il y a quelque chose à conquérir, quelque grand pas à faire
faire à l'humanité, avec un certain droit au respect. Mais ici,
ce sont des délégués de la 5ᵉ légion, ce ne sont pas même
des délégués, ce sont des hommes qui vont trouver un colonel, au nombre de deux ou trois cents, et parmi lesquels on
désigne des chefs de clubs, des gardes nationaux qui ont
usurpé sur leurs shakos le numéro de la 5ᵉ légion. Ce n'est
pas là, à coup sûr, le mouvement de patriotisme de l'homme
honnête et sincère qui s'en va réclamer ce qu'il croit utile
et bon pour l'humanité et pour son pays ; ce sont des
organisateurs, des meneurs qui ont ainsi fondé la manifestation. Ces meneurs, il faut qu'une main les agite, qu'une main
plus ou moins cachée les conduise. Cette main cachée, nous
ne dirons pas qu'elle soit unique, elle se trouve dans le
concert des résolutions prises ; elle apparaît dans la lettre
que nous venons de lire.

Tout cela concorde : eh bien, de cette origine de la
manifestation, de ce lien établi entre la commission des
vingt-cinq et elle, de ce but nécessaire qui est démontré par
son origine, par les lettres qui coïncident avec elle ; de tout
cela que' faut-il conclure ? C'est que la manifestation était
ce qu'elle a été en effet, un moyen d'engager la lutte, un
moyen de faire ce qu'on s'était décidé à ne pas faire dans
le sein même de la chambre, un moyen d'avoir une de ces
questions vives, qui déterminent les solutions, et je crois qu'en
me servant de ces termes je reste dans une excessive modération.

Dans cette situation, une fois résolue, une fois en mouvement, comment la manifestation s'avance-t-elle ?

Qu'est-ce qu'on dit dans la convocation que nous vous
lisions tout à l'heure ? On dit qu'elle se réunira pour aller à
l'Assemblée législative afin de lui rappeler le respect dû à la
constitution, dont la défense est confiée au patriotisme de
tous les citoyens.

Cette convocation paraît dans le journal du 13, et l'on sait,
depuis la veille, qu'il n'y a pas d'Assemblée, qu'il ne doit pas
y en avoir le 13. Ainsi on organise la manifestation, dans le
manége Pellier, à l'aide d'un petit mensonge, comme dit Pellier, à l'aide d'un prétexte, comme dit Edouard Schmitz lui-
même ; et voilà qu'elle s'avance sur le boulevard, vers un but
qui est encore, je ne veux pas dire un mensonge, mais une
inexactitude très-positive.

Notez qu'on le savait dans la manifestation ; vous ne pouvez pas en douter, car vous avez entendu ici l'ancien représentant M. Gent, vous dire « que, quant à lui, il savait qu'on n'allait pas à la chambre, puisqu'il n'y avait pas de séance. »

Ainsi le but qu'on donnait à cette manifestation ne peut pas exister, il manque absolument.

Mais comment la manifestation s'avance-t-elle ? En la supposant même régulièrement organisée, dans quelle circonstance se présente-t-elle ? Je sais que je touche ici à une grave question, mais il appartient à l'accusation de la traiter.

Que s'est-il passé ?

Une manifestation, généralement, quand elle se produit sous une impression patriotique, un peu vive, un peu ardente, a toujours son danger, mais enfin quand elle se produit sincèrement et par une sorte d'explosion nationale, au moins elle demande quelque chose qui est encore à décider ; elle se présente, par exemple, la veille d'une délibération pour exprimer ce qu'elle désire.

Mais ici, nous sommes en état régulier d'organisation politique, nous avons une constitution, nous avons une assemblée unique qui tient de cette constitution le pouvoir législatif par délégation. Cette assemblée, le 11, la veille encore le 12, a décrété par deux votes successifs qu'il n'y avait point eu apparemment violation de la constitution puisqu'elle a passé à l'ordre du jour sur des interpellations, et qu'elle a rejeté, la commission se prononçant à l'unanimité, la proposition de la mise en accusation du président et du ministère.

Prenez garde ! Ce n'est pas seulement l'Assemblée législative, c'est l'Assemblée constituante, qui elle-même, sur la question d'Italie, après avoir donné au Gouvernement un avertissement qu'elle avait cru dans son droit de lui donner, avait passé à l'ordre du jour et avait repoussé le renvoi d'une proposition de mise en accusation dans les bureaux.

Ainsi l'Assemblée législative était soutenue dans le vote qu'elle avait émis, par le précédent de l'Assemblée constituante.

Eh bien, quand deux assemblées de cette valeur législative se sont prononcées sur une pareille question, une manifestation qui s'avance pour dire qu'à côté de ces décisions de l'Assemblée, de l'Assemblée unique, qui exerce seule le pouvoir législatif, elle vient soutenir, elle, que la constitution est violée et qu'elle va au nom d'une foule de 8 à 10,000 hommes, proclamer ce fait à la porte de la chambre ; c'est déjà une manifestation qui a un caractère menaçant, et qui rentre dans les cas prévus par la discussion de la loi

5

de 1848 sur les attroupements, c'est une atteinte grave au pouvoir législatif, et c'est en même temps une atteinte à la constitution, car la constitution dit positivement dans son art. 1er :

« La souveraineté réside dans l'universalité des citoyens français. Elle est inaliénable et imprescriptible. Aucun indi - vidu, aucune fraction du peuple ne peut s'en attribuer l'exer- cice. »

Elle ajoute à l'art. 20 :

« Le peuple français délègue le pouvoir législatif à une assemblée unique. »

Le vote sur la question de violation de la constitution est essentiellement législatif. Il est évident que cet acte ap- partient à la chambre, et que, dans un pays organisé, libre, qui, précisément parce qu'il est libre, a besoin d'une orga - nisation plus fixe, plus nette, plus contenue, chacun doit s'incliner devant ces limites. Il n'y a rien que d'hono- rable dans cet esclavage. L'Assemblée nationale a émis un vote qui contrarie des sympathies ; ces sympathies ont trois ans pour espérer d'avoir une autre chambre. C'est le cercle légal, constitutionnel ; il n'y a rien là d'humiliant ni d'abais- sant. Heureux et noble esclavage que celui qui s'appelle le respect des lois ! Il élève celui qui le pratique et qui y puise la règle d'une digne et ferme soumission.

La manifestation se présentant et venant dire à une cham- bre qui avait voté, en usant d'un droit qui n'appartient qu'à elle, sur un acte du pouvoir exécutif, qui s'était prononcé sur cette question, la manifestation venant lui dire : Vous n'êtes pas juge de cette question, c'est nous, fraction du peuple, nous, à qui la constitution ne donne l'exercice de la souveraineté que quand nous sommes en masse et réunis, c'est nous qui vous déclarons que vous vous êtes trompés, la manifestation commettait en cela un acte tout à fait exor- bitant du droit. C'est un acte que je ne veux pas appeler fac - tieux, mais qui pourrait peut-être mériter cette qualifica- tion, car, dès l'instant qu'on se place en dehors des règles consacrées par les lois fondamentales, il n'y a plus de règle pour personne, il n'y a plus que le caprice, il n'y a plus que la passion. La manifestation vient dire aujourd'hui à la porte de la chambre qu'elle soutient telle thèse contre le vote de la chambre; vous aurez demain une autre manifestation con- traire à la première, prise dans une autre fraction du peu- ple, qui viendra à son tour dire qu'elle entend autrement le vote législatif. Vous serez dans le chaos, dans l'anarchie.... Dieu préserve le pays de pareilles manifestations !

C'est ainsi que la manifestation du 13 juin s'organise sur le boulevard. Elle part du Château-d'Eau ; comment part-elle ? Vous allez retrouver les caractères que nous luidonnions; vous allez retrouver cette absence du droit dans sa marche, dans les actes auxquels elle se livre et qu'elle permet au milieu d'elle. Des cris sont entendus : plusieurs témoins vous ont parlé de ces cris ; M. Revel, par exemple, vous a déclaré qu'on disait, autour du Château-d'Eau, que le président serait à Vincennes dans la soirée et qu'on criait : *A bas le président !* cris qui annonçaient des intentions factieuses, avant tout obstacle, lorsque la manifestation s'organisait encore.

Voulez-vous douter de ces cris et du témoignage de M. Revel ? Il y a des faits dont on ne peut pas douter : elle débute par un acte de violence inqualifiable, inexplicable. Le ministre des travaux publics est à cheval ; il vient, en habit bourgeois, voir ce qui se passe, sans appareil de force, suivi d'un simple dragon : il est insulté, saisi par un homme qui déchire ses vêtements ; son cheval est saisi des deux côtés à la bride par des hommes qui lui font courir un danger assez sérieux pour que tout le monde se précipite autour de lui, pour qu'il soit obligé de se réfugier à la mairie du 6e arrondissement. Vous avez entendu M. Monnin dire qu'il avait été obligé de lui donner une redingote pour remplacer la sienne, qui avait été mise en lambeaux.

Voilà l'acte par lequel débute la manifestation au Château-d'Eau, alors qu'elle n'avait encore rencontré aucun obstacle, aucune agression, pour parler son langage.

Je sais que M. Gent, qui s'est très-bien conduit à l'égard de M. Lacrosse, que M. Gent qui, dans le moment où il a vu un ministre, dont il ne partageait pas les opinions, entouré d'une foule qui le menaçait et l'attaquait brutalement, n'a plus écouté que ce sentiment qui entraîne tout homme de cœur au secours de celui qui court un danger (en pareil cas, il n'y a plus de distinction d'opinion)... Je sais que M. Gent a secouru M. Lacrosse, qu'il l'a secouru énergiquement, aidé d'un officier de la garde nationale et d'une autre personne.

M. Gent a repoussé ici cet honneur ; il a dit qu'on avait exagéré sa conduite ; et ce qu'il avait fait et très-bien fait pour M. Lacrosse, ce dont M. Lacrosse l'a remercié publiquement, il a mieux aimé ici l'avoir fait dans l'intérêt de la manifestation, et afin de n'avoir pas à regretter, pour elle, un de ces actes qui en eussent compromis le caractère.

J'en demande pardon au témoin Gent, mais je suis convaincu qu'il s'est conduit comme l'instruction rapporte qu'il s'est conduit ; je suis convaincu qu'il s'est porté au-devant de M. Lacrosse pour empêcher un homme sans défense, qui à coup sûr n'est pas un homme timide, d'être insulté et maltraité, et que ce n'est qu'ici, quand il a craint que son intervention ne donnât un caractère trop grave au fait dont il s'agit, qu'il a repoussé des éloges dont une part lui reste; et je le répète, cette part est plus méritée qu'il ne veut le reconnaître.

Enfin, admettons l'interprétation de M. Gent, admettons que ce soit au profit de la manifestation qu'il ait voulu empêcher un acte qu'il regardait comme mauvais, toujours est-il que cet acte a été commis et que pour que M. Gent craignît que la manifestation ne fût déshonorée par un tel acte, il fallait apparemment qu'il se passât quelque chose de sérieux. Il a dit en effet qu'il avait saisi la bride du cheval de M. Lacrosse, que, quand il la tenait, une autre personne la tenait aussi, et qu'il avait eu toutes les peines du monde à le protéger.

M. Lacrosse n'est pas le seul; des officiers d'état-major ont été aussi insultés, maltraités; il n'y a eu là de blessures sérieuses pour personne; mais enfin on leur a demandé des cris humiliants pour eux. On a demandé à un homme, lorsqu'on l'a reconnu comme ministre, de crier : *A bas le président !* il a énergiquement crié : *Vive le président !* Ce ne sont pas là des actes inoffensifs, ce sont des actes violents et tumultueux.

Une fois la manifestation mise en marche, ce ne sont donc pas seulement des cris qui l'ont signalée autour du Château-d'Eau, ce sont encore des actes qui venaient entourer d'insultes grossières MM. Lacrosse, de Rainneville, Chabrier, et qui indiquaient que de mauvaises passions grondaient.

On entendit encore ces cris : « *A bas les traîtres ! à bas les bourreaux ! à bas Changarnier! vive la constitution ! vive la République !* »

Tout cela mêlé ensemble n'annonçait pas une attitude inoffensive, mais, au contraire, une attitude qu'on avait de la peine à contenir. Il y avait des hommes qui, même en adoptant l'idée de la manifestation, jouaient le rôle qu'a joué M. Gent, s'efforçaient, au moins par prudence, de calmer ces têtes effervescentes ; mais, enfin, ces têtes y étaient, elles s'avançaient avec des menaces pour l'ordre public, menaces qui justifiaient précisément les craintes qu'inspirent ces sortes de manifestations.

C'est donc avec la loi des attroupements qu'il fallait agir.

Il y a encore un fait qui explique l'attitude de la manifestation. Il a été établi par les témoins entendus ici, et notamment par le témoin Bernard, que, dans le commencement, au moment de la formation, un drapeau rouge y avait apparu. Ce n'est pas un signe d'ordre que le drapeau rouge.

Quant au comité des écoles, il a été établi que c'était sans qualité que ces jeunes gens s'y étaient mêlés. Cela n'indique pas, non plus, que la manifestation eût des racines dans l'opinion de la cité; c'était, au contraire, une petite fraction qui avait un but de parti, et qui était dirigée par des meneurs.

Tout cela était si bien préparé, si bien prévu, que le témoin Ravenaz vous a déclaré très-formellement qu'à la rue Grange-Batelière, avant le refoulement de la manifestation, il y avait eu une tentative de désarmement sur deux gardes nationaux ; que ces deux gardes nationaux étaient rentrés au poste sur l'ordre du commandant Delaborde, et que dans ce moment la manifestation défilait encore sans obstacle.

Ainsi les actes mêmes qui ont précédé tout obstacle indiquaient, de la part de la manifestation, des intentions hostiles, aggressives.

Ainsi, en droit et en fait, la manifestation devait rencontrer devant elle les dispositions de la loi des attroupements.

La loi sur les attroupements, est du 7 juin 1848 ; pour quels cas a-t-elle été faite? Je vous demande la permission de vous lire une citation très-courte qui sert à expliquer fort bien les intentions de la loi. Voici une partie de l'exposé des motifs présenté par M. Recurt, alors ministre de l'intérieur :

« Assurément, il ne peut entrer aujourd'hui dans la pensée de personne de nier ou de suspendre, par des mesures arbitraires, ce droit de réunion que la révolution aurait définitivement consacré, s'il avait eu besoin de l'être.

« Mais, citoyens, tout droit a ses limites naturelles et légitimes dans le droit d'autrui, dans l'intérêt général. Le droit de réunion ne doit donc être respecté qu'à la condition de ne pas froisser le droit d'autrui, et surtout de ne pas compromettre, dans son développement, l'ordre, la paix publique, le crédit et le travail.

« Si, dans une telle situation, au lieu de céder au grand principe de salut public, il cherche à s'imposer par la force, non-seulement alors il cesse d'être légitime, mais il peut devenir coupable.

« La société alors doit s'armer pour défendre l'intérêt général menacé, et rétablir entre tous les droits, entre tous les intérêts, l'équilibre que l'égoïsme voudrait rompre.

« Citoyens, ces considérations, qui tiennent aux fondements mêmes de notre société républicaine, ont conseillé les mesures législatives que le Gouvernement a l'honneur de vous présenter. »

L'exposé des motifs dit plus bas :

« L'attroupement non armé, par cela seul qu'il trouble la tranquillité publique, est un acte mauvais, compromettant, au point de vue social; il n'attaque pas, il est vrai, mais il menace; or la société ne doit jamais être menacée; cet acte, il faut donc le faire cesser.

« L'attroupement armé constitue un état de guerre : il ne
menace pas seulement, il attaque ; c'est la force brutale qui
se manifeste au grand jour et se met en hostilité flagrante
avec la société. »

Maintenant, nous trouvons précisément dans l'art. 3 de la
loi ceci : « L'attroupement est armé : 1° quand plusieurs des
individus qui le composent sont porteurs d'armes apparentes
ou cachées ; 2° lorsqu'un seul de ces individus, porteur
d'armes apparentes, n'est pas immédiatement expulsé de l'attroupement par ceux-là mêmes qui en font partie. »

Voilà la manifestation qui s'avance, avec quelques gardes
nationaux qui ont gardé leurs sabres, avec quelques hommes
qui ont des armes, puisqu'on en a arrêté et qu'on a trouvé
des poignards et des pistolets dans un certain poste.

Voilà des hommes qui font partie de la manifestation, qui,
au coin de la rue Grange-Batelière, désarment deux gardes
nationaux, avant que les sommations aient été faites ; le témoin Ravenaz en a déposé.

C'est là que se présente la question de savoir si la colonne
du général en chef arrivant par la rue de la Paix, les
formalités que prescrit la loi sur les attroupements ont été
remplies.

Il s'est élevé dans le cours des débats des discussions sur
la question de savoir à quel moment exact avaient été faites
les sommations. Nous ne pouvons d'abord pas négliger de lire à
MM. les hauts jurés le procès-verbal dressé par les commissaires de police et constatant quand et comment les sommations ont été faites :

« L'an mil huit cent quarante-neuf, le treize juin, à une
heure de relevée,

« Nous, Alexandre Bertoglio, Jules Primorin et Léon Bellanger, commissaires de police de la ville de Paris ;

« Sur la demande de M. le général Changarnier, nous
nous sommes transportés à la tête de la force armée sur le
boulevard des Capucines, à la hauteur de la rue de la Paix.

« Là, revêtus de nos insignes, nous avons adressé aux autres personnes, qui étaient très-compactes et très-nombreuses,
les sommations légales, précédées de roulements de tambours, et répétées trois par trois devant chaque attroupement.

« Puis la force armée est intervenue et a fait évacuer les
voies de communication.

« M. Bertoglio était placé du côté du boulevard des Italiens ; M. Primorin était au centre, et M. Bellanger sur le
boulevard de la Madeleine.

« Nous avons reconnu qu'un commencement de barricade
était déjà formé à travers le boulevard, près la rue du Hel-
der, et qu'il était composé de chaises prises sur les contre-

allées des boulevards; ces objets ont été enlevés aussitôt
après l'arrivée des troupes.

« *Les commissaires de police,*
« BERTOGLIO, PRIMORIN et BELLANGER. »

Il résulte plusieurs choses de ce procès-verbal, qui sera,
du reste, confirmé par les témoins. Vous avez entendu ici
M. Primorin, qui vous a expliqué comment les choses s'é-
taient passées. Voilà un procès-verbal fait le jour même, à
l'instant même, sous le souvenir le plus récent des faits. Il y
a quelque chose qui précise comment les sommations ont
été faites.

D'abord les commissaires de police, qui sont habitués à
faire des procès-verbaux, qui, en général, ne constatent que
des faits vérifiés, disent qu'ils se sont portés *à la tête* de la
force armée sur le boulevard des Capucines. Mais voici qui
est plus exact, et ce n'est pas un raisonnement, c'est un
fait.

« M. Bertoglio était placé du côté du boulevard des Italiens, M. Primorin au centre, et M. Bellanger sur le boulevard de la Madeleine. »

Il est évident, d'après ce paragraphe, que les sommations
ont été faites au moment où la colonne, abordant la manifestation sur le boulevard, venait de se placer, puisque les commissaires de police étant trois, celui qui était au centre a fait
les sommations en face de la maison qui fait elle-même face à
la rue de la Paix; il était encore dans le sens de la rue de la
Paix, et il tournait le dos à cette rue. Je ne veux pas dire
qu'ils ne soient pas entrés dans la manifestation; je dis seulement qu'il résulte du procès-verbal des sommations que,
par la position qu'occupaient les commissaires de police, et
notamment M. Primorin, ils ne s'étaient pas encore tournés
soit à gauche, soit à droite sur le boulevard; ils agissaient
alors en tournant le dos à la rue de la Paix. Donc les troupes
qu'ils précédaient n'avaient pas traversé la manifestation ni
commencé leur marche à droite et à gauche.

Maintenant, la difficulté serait-elle que pour une manifestation qui s'écoule ainsi sur le boulevard, il faille faire les
sommations avant même de toucher au premier rang des
personnes qui défilent? Mais tout est très-sérieux dans ce
procès, dans cette enceinte. En vérité, un pareil système ne
pourrait être sérieux. Qu'on suppose un instant trois commissaires de police venant faire les sommations légales à
une manifestation de 8 ou 10,000 hommes, qui s'écoule
comme un fleuve qui passerait devant eux; personne
n'entend les sommations, personne du moins ne se trouve
obligé de les entendre et de s'arrêter; il n'y aurait pas de
raisons pour que ces sommations ne demeurassent inutiles
pendant plusieurs heures de suite. Lorsque la troupe se pré-

sente en colonne et qu'elle a à traverser une rue ou un boulevard, elle a le droit de les traverser; si cette manifestation durait toute la journée et que cette colonne eût à traverser, par ce seul fait la troupe s'avancerait. C'est ainsi que la colonne du général en chef s'est engagée. Il résulte de toutes les dépositions qui ont été faites ici, qui ont été recueillies ici, que la troupe n'a pas fait autre chose que d'entrer dans une portion de la manifestation pour se placer; elle y est entrée avec les commissaires de police en tête.

M. de Goyon a résumé de la manière la plus nette et la plus claire peut-être ce mouvement; il a dit : « Nous sommes entrés au petit trot des chevaux ; évidemment, quand nous sommes arrivés, on s'est reculé pour nous faire passage ; nous nous sommes trouvés tout naturellement placés, et c'est là qu'on a fait les sommations. »

Ce qui est certain, ce qui résulte de la déposition, non-seulement de M. de Goyon, mais de celles de MM. Tisserand, Dupouey, Rodolosse, Petit, Primorin, Brun, c'est que pas une marche au pas de course n'a été faite avant les sommations. La gendarmerie mobile et les chasseurs à pied ont fait ce qu'ils font toujours, ils ont ouvert les premiers rangs de la foule; ils les ont ouverts sans se servir le moins du monde de leurs armes; cela a été parfaitement établi ici. Si le capitaine Rodolosse a reconnu très-loyalement qu'il avait marché quelques pas en faisant tête de colonne à droite, il a très-nettement distingué entre la marche qui tendait à le placer sans aucune espèce d'acte offensif et la marche au pas de course qu'il a prise après. Il a très-nettement expliqué que s'il s'est d'abord avancé à quelques mètres de la rue de la Paix, ce n'est qu'après les roulements de tambour, qu'il a marché au pas de course et qu'il a fait alors déblayer le terrain.

Pour la cavalerie, c'est encore plus net, et je dirai même que M. Gent, l'autre jour, prouvait combien cela était vrai par la déposition qu'il faisait. Il a déclaré ici qu'il avait entendu, en s'engageant sur le boulevard de la Madeleine, après que le piétinement des chevaux avait cessé, la continuation d'un roulement de tambour. Il n'entendait pas avant; cela s'explique par le bruit des chevaux; mais il est certain que le roulement des tambours a précédé les marches soit à droite, soit à gauche. Je dis que cela est certain, parce que, quand on a huit ou dix témoins aussi honorables que ceux qui sont venus déposer ici, sous la foi du serment, de faits dont ils avaient une connaissance personnelle, on peut dire en toute sûreté de conscience qu'on est certain que les choses se sont passées ainsi. La troupe n'a pas fait autre chose que de se placer; les chevaux de l'état-major, ou les premiers chevaux de la cavalerie ont, par leur seule

arrivée, commencé à opérer un premier vide. C'est une
fois que l'état-major a été placé au milieu de ce vide,
et on sait que l'état-major n'est pas agressif, que les
commissaires de police ont fait les sommations, comme le
rapporte le procès-verbal lui-même, c'est-à-dire M. Primorin
étant tourné encore en face de la maison qui regarde la rue
de la Paix. Il est évident qu'on n'a pas avancé sans faire les
sommations qui sont constatées par le procès-verbal; ce procès-verbal est vérifié par les déposition des capitaines qui ont
exécuté eux-mêmes ce mouvement. Il est bien établi, je crois
maintenant, qu'on agissait en vertu de la loi sur les attroupements; qu'on n'a pas fait autre chose que de prendre position comme on devait la prendre, et qu'exiger qu'on fasse
les sommations devant une manifestation qui pourrait s'é-
couler tout entière sans s'arrêter, cela ne serait pas prati-
cable.

Nous examinerons tout à l'heure les actes de la manifestation après que les sommations ont été faites.

On a fait comparaître devant vous, de part et d'autre, des
hommes qui ont été malheureusement victimes de cette manifestation. Vous avez entendu l'autre jour, nous en sommes sûrs, avec intérêt, la déposition d'un témoin nous racontant, les larmes aux yeux, la douleur qu'il éprouvait d'a-
voir perdu son beau-frère; mais, à côté de cette douleur,
fort honnête, fort loyale, il vous a raconté, en homme loyal
et sincère, tout ce qui lui avait été dit. Je recommande à vos
souvenirs cette déposition telle qu'elle est. La pitié et l'in-
dulgence pour le malheureux qui a succombé, nous les par-
tageons avec vous; mais souvenez-vous de la déclaration qu'il
a faite. Renault a dit avant de mourir, à son beau-frère, comment et où il avait été frappé; il lui a dit qu'il était dans la
manifestation, qu'il s'était jeté à genoux, qu'il avait découvert
sa poitrine devant les troupes; or il est bien constant, il est
impossible de prouver le contraire, que ce mouvement n'a eu
lieu que quand la troupe s'est avancée pour disperser ceux
qui résistaient aux sommations. Eh bien, voilà un homme
qui a entendu les sommations et les roulements de tambour,
et qui ne se retire pas; un homme qui porte l'uniforme
de la garde nationale (il appartenait, il est vrai, à la 5e légion),
et qui s'en va, déboutonnant sa tunique, s'offrir, un pareil
jour, au-devant de soldats qui marchent après des sommations; un homme qui a reçu l'ordre, au nom de la loi, de
se retirer et qui persiste, sous prétexte de paralyser par ce
mouvement l'action d'une force publique, qui, après tout, a
des devoirs à remplir et des dangers à courir. Il ne faut pas
oublier cependant que ces officiers et ces soldats sont nos
concitoyens, qu'ils sont des Français comme les autres; si la
pitié doit s'étendre sur tout le monde, il faut au moins qu'elle

ne veuille pas toujours voir des hommes cruels dans des hommes, au contraire, qui endurent avec une patience que la discipline peut seule donner, des traitements que ceux qu'on pose en victimes ne sauraient pas supporter.

Quand une troupe qui agit au nom du devoir, qui ne fait usage de la force qu'après des sommations, est l'objet d'outrages et de violences; quand elle a des hommes qu'on désarme à côté d'elle ; quand, ainsi que cela est arrivé, un officier reçoit un coup de pied qui amène une riposte, il y a un malheur, je n'hésite pas sur le mot, même pour celui qui par sa faute est tombé victime; mais, après tout, il faut s'en rapporter au jugement de toute chose humaine; il faut voir la situation telle qu'elle est, et entre deux situations qui se présentent, il faut choisir et porter un jugement sain, calme, équitable; il faut voir de quel côté sont les torts, et en apprécier les conséquences.

Vous avez entendu le témoin Wirth. Il appartient à la 12ᵉ légion, dissoute. Il met son uniforme, ce qui est un délit; il vient dans la manifestation, lui, membre d'une légion dissoute, avec un uniforme qu'il n'a pas le droit de porter. Il est condamné pour cela à six mois de prison par la justice qui a approfondi le fait, soyez en sûrs. Il a été blessé, dans cette circonstance, lorsqu'il se jetait à genoux devant la troupe. Il était encore de ceux qui résistaient aux sommations; enfin, disons-le en termes mesurés, il était de ceux qui étaient à la tête de la manifestation, il faisait partie des meneurs : il était de ceux qui se plaçaient comme obstacle et s'efforçaient de paralyser ainsi l'action nécessaire des troupes. Voilà dans quelle position le témoin s'est trouvé.

Quant à Duprat, il a été établi l'autre jour, par la lecture d'un procès-verbal, que quand on creuse à fond toutes ces situations, on trouve le vrai motif qui a amené les malheurs qu'on déplore. Il y a des malheurs qui sont reprochables à celui-là même qui les a subis. Duprat blessé et mort des suites de sa blessure, avait voulu désarmer un garde national et avait jeté des pierres à la troupe; ce fait est maintenant constaté par le témoignage de la femme Gerfaud. Il y a en outre, dans la procédure, à la page 775, la déposition du témoin Jacquart, que nous n'avons pas pu faire assigner, parce qu'il faut que le débat se termine, qui constate que Duprat était un des malheureux qui se sont jetés à genoux au devant de la troupe pour l'empêcher d'avancer. Il a été atteint d'un coup de carabine, au coin de la rue de la Chaussée-d'Antin. C'est là un malheur, sans doute, mais un malheur cherché.

Examinons tout cela de sang-froid et avec calme : à qui revient la responsabilité de ces malheurs-là? Certes, la guerre civile est toujours douloureuse, douloureuse pour tout le monde ; et de quelque côté qu'on tombe, il faut avant tout plaindre ceux qui tombent ; mais il ne faut pas s'arrêter là, il faut remonter aux causes ; il faut se demander si, dans les jours difficiles où nous vivons, il n'y a pas quelques hommes qui aient à se reprocher d'agiter sans cesse le pays, d'y allumer ces ferments de guerre civile qui mettent en deuil tant de familles. Ce sont ces familles surtout qu'il faut plaindre, et tout en nous honorant de ces sentiments de compassion qui sont notre devoir, nous plaignons beaucoup plus le malheureux enfant, la femme que laisse cet homme qui a trouvé la mort sur le boulevard dans la manifestation, que nous ne plaignons l'homme qui a usurpé un costume, qui est allé gêner, entraver l'action de la force publique, qui est allé se mêler de réclamer contre les droits souverains de l'Assemblée, et se mettre à la tête ou au nombre de ceux que nous appelons les meneurs de la manifestation. Il faut, messieurs, que la pitié soit juste, qu'elle sache où elle tombe, et qu'elle ne tombe que là où elle est certaine de ne pas commettre une injustice.

En ce qui concerne le blessé Fournier, toute espèce de doute a été levée par un des témoins que la défense a fait entendre. Vous voyez combien, en attendant patiemment la vérité, on est certain qu'elle finira par se faire jour.

Un témoin, Desvignes, enfant de quinze ans et demi, qui a déposé avec une précision qui appartient à son âge, vous a dit qu'il était au quatrième étage, qu'il avait entendu un coup de feu, qu'il s'était mis à la fenêtre, et qu'il avait vu un clairon poursuivre un homme et lui tirer un coup de carabine. Il en résulte que le clairon avait été provoqué par un premier coup de feu. Voilà comment les faits s'éclaircissent, comment la vérité se fait jour, même au moyen des dépositions des témoins entendus à la requête des accusés. Quelque confiance que ces témoins méritent, en général, par cela seul qu'ils sont appelés à la requête d'un accusé, il y a toujours quelque sentiment d'amitié et d'intérêt qui détermine leur citation. (Dénégations au banc de la défense.) La déposition de Desvignes n'est donc pas suspecte sur ce point.

Voilà comment la vérité est produite, voilà comment, en scrutant la position des blessés amenés ici, comme témoins, on arrive à cette conclusion très-simple, très-nette, que ceux qui se sont présentés étaient des hommes qui avaient pris un rôle actif dans la manifestation, et qui avaient eu le tort très-grave de ne pas se retirer après les sommations.

Quand la manifestation est refoulée, que fait-elle ? Si c'est une manifestation pacifique, elle gardera ce caractère. Nous venons de vous établir qu'elle ne l'avait pas d'abord. Nous venons de vous établir qu'au moment où elle a été coupée, elle l'a été selon toutes les règles prescrites par la loi, qu'il y a eu une résistance qui devenait factieuse de la part de ceux qui devaient se retirer à l'instant même.

Voyez l'organisation : elle se précipite à droite et à gauche dans les rues ; ce n'est pas simplement un homme effaré qui s'en va dans une rue et un homme effaré qui s'en va dans une autre, ce sont des bandes de vingt-cinq à trente individus qui se répandent dans toutes les rues. Vous n'avez pas oublié la déposition du sapeur Camus, arrêté rue Richelieu, par environ quarante hommes, criant : *en bas le sapeur !* et qui (pardonnez-nous ce détail), lui ont fait une telle peur qu'il s'est sauvé à travers les jambes de ceux qui se trouvaient devant lui. Il était armé, on lui a pris son fusil, il a été violemment et brutalement frappé. Vous avez remarqué un fait qui s'est reproduit pour presque tous les désarmements : ces groupes étaient conduits par un homme qui portait une tunique de garde national.

Est-ce qu'une manifestation qui s'en irait pacifiquement, et qui serait refoulée, trouverait tout de suite ce mot d'ordre, ce cri : *Aux armes ! On assassine nos frères !* poussé dans toutes les rues, éclatant, pour ainsi dire, à point nommé dans toutes les rues ? Est-ce qu'elle rencontrerait ainsi des armuriers sur son passage ; de telle façon qu'au même moment, à la même heure, on faisait des tentatives de désarmement chez Devismes, chez Lepage, rue Joquelet, rue de Cléry, au boulevard Saint-Martin, ailleurs encore, pendant qu'on cherchait à forcer le poste du sergent Terré, dont vous avez admiré le sang-froid ; pendant que de la petite rue Notre-Dame-de-Bonne-Nouvelle on tirait des coups de fusil sur la gendarmerie mobile ? Comment, c'est là une manifestation pacifique ! Non, ce n'est pas une manifestation pacifique que celle qui cherche une collision et une provocation, parce qu'elle ne voudrait pas que la provocation parût venir d'elle-même. Elle veut se placer sur la défensive, elle a tout prévu ; c'est le complot qui est préparé ; les désarmements s'opèrent immédiatement : dans la rue Richer et dans diverses rues voisines on désarme les gardes nationaux qu'on rencontre. Soyez-en sûrs, ce n'est point là l'inspiration d'hommes surpris. Supposez d'estimables ouvriers entraînés ; croyez-vous que, si par hasard ils étaient mis en déroute par nos troupes, ils auraient de suite toute cette organisation ; ils auraient ce cri : *Aux armes !* ce mot d'ordre qui se répand au même instant sur tous les points ? Cela n'est pas possible. C'est l'organisation qui apparaît, c'est le complot, c'est l'attentat ; c'est que la manifestation, comme je vous le disais tout à l'heure, est un des actes les plus sérieux, les plus décidés, les plus résolus du complot.

Voyez au surplus ce qui arrive.

Au nombre des personnes qui poussent ce cri, il y en a

plusieurs qui passent dans la rue Richelieu, et, à l'instant
même les représentants de la Montagne sont réunis dans la
rue du Hasard; il n'y a pas d'Assemblée; le cri *Aux armes!*
qui vient du boulevard, qui passe rue Richelieu, et qui est
entendu par eux, les fait sortir. Ce cri les trouve tout prêts.
Ils n'hésitent pas sur leur marche; ils peuvent aller dans
bien des endroits; ils peuvent essayer d'interposer leur autorité au milieu de la manifestation elle-même, comme ils
l'ont fait au mois de juin 1848. Ils vont au Palais-National ;
ils trouvent l'artillerie de la garde nationale en armes, l'artillerie convoquée régulièrement à 9 heures, cela est vrai,
mais contremandée depuis, et qu'on me permette de dire, en
passant, qu'elle avait été en mesure bien plus tôt qu'à l'ordinaire, car il n'est pas, je crois, très-fréquent que tous les
trompettes soient réunis à cinq ou six heures du matin avant
toute convocation. Les représentants trouvent l'artillerie
prête ; ils trouvent le colonel Guinard; Ledru-Rollin a une
conférence d'un instant avec lui ; il monte dans son cabi-
net, Guinard descend bientôt, le cercle est formé, et c'est
alors que le colonel tient le discours qui vous a été rapporté.
 « Mes amis, nous touchons à un moment grave, suprême,
« à un de ces moments qui décident du sort d'une nation.
« Il n'y a pas à hésiter ; il faut prendre un parti. Pour moi,
« je vous le déclare dans ma conscience d'honnête homme, de
« républicain, la constitution a été audacieusement violée.
« Les représentants de la Montagne ont juré de la défendre...
« Je marche avec la Montagne. Ce n'est pas comme votre co-
« lonel que je vous parle en ce moment, mais comme homme
« politique; j'obéis à mes convictions. Vous êtes donc libres
« tous de faire ce que bon vous semblera. Que ceux qui par-
« tagent mes opinions me suivent; que ceux qui ne les par-
« tagent pas se retirent. »
 Il y a un fait qui n'a pas pu vous échapper. Nous n'avons
pas à discuter personnellement l'accusé Guinard ; nous ne
dirons de lui que ce qui touche à l'ensemble des faits généraux de l'affaire; mais l'accusé Guinard reconnaît qu'il a reçu
le contre-ordre du général Perrot vers midi ; vous savez dans
quelles circonstances. Il revenait de chez le général Changarnier. Il avait le contre-ordre à la main, il en avait connaissance, il le déclare.
 Le procès-verbal de sommation, dont je vous ai donné lecture tout à l'heure et qui constate les faits qui se sont passés
sur les boulevards, au coin de la rue de la Paix, est daté d'une
heure. Ainsi, avant que la manifestation ait été refoulée,
avant que le cri *aux armes !* se soit fait entendre, avant que
les représentants soient partis, il devait être bien près de
deux heures. Messieurs, de midi à deux heures, il y a là
quelque chose d'assez difficile à expliquer dans le système

des allégations de M. Guinard, cet ordre qu'il avait l'intention
de mettre à exécution, dit-il, qu'il a promis au général Perrot de mettre à exécution, il a eu le temps de l'exécuter
avant qu'on arrive du boulevard, refoulé par les charges des
troupes ; il n'en tient aucun compte.

Je trouve à côté de cela une autre induction toute natu-
relle à tirer de son discours, et qui semble contredire le
moyen de défense qu'il puise dans l'émotion produite par des
personnes qui arrivaient blessées du boulevard et par le récit
des prétendues violences de la troupe. Eh bien, le discours
de l'accusé Guinard ne dit pas un mot de cette émotion,
c'est un discours politique qui se rapporte aux faits politiques
de la veille et de l'avant-veille; il dit que la constitution est
violée, que la Montagne prend un parti grave, que le moment est suprême, etc. Il se pose toutes ces questions; il ne
les affaiblit pas, je le reconnais ; mais il ne dit pas un mot
de l'émotion, qui se rattacherait à la position d'hommes
sabrés sur le boulevard. Il ne parle pas de cette circonstance qui aurait changé toute sa résolution ; il ne dit rien de
cela dans le texte du discours que nous avons sous les yeux,
celui que le témoin Legrand a rapporté. Je sais que l'accusé
Guinard a lu un texte de discours que je regrette de n'avoir
pas, mais qui prendra sa place dans la défense. Il y a là un
fait dont M. Guinard ne se dissimulera pas la gravité.
Les représentants de la montagne quittent la rue du Hasard
aux cris : *Aux armes!* ils viennent au Palais-National; ils
trouvent une légion qui a reçu l'ordre de se retirer, qui en
a eu le temps, et qui ne s'est pas retirée. Le discours que les
témoins entendent ne parle pas encore des faits, d'ailleurs
exagérés, qui se seraient passés à la manifestation. L'accusé
Guinard se fonde sur la situation telle que nous la connaissons,
telle qu'elle était la veille : « La constitution a été audacieusement violée, les montagnards ont juré de la défendre, je marche
avec la Montagne. » C'est une résolution politique. Ce qui
me prouve que c'est dans ce sens que ce discours a été tenu,
c'est qu'il a ajouté ceci : « Ce n'est pas comme colonel que
je vous parle, mais comme homme politique; » on ne voit
pas là un entraînement occasionné par des faits accidentels ;
« j'obéis à mes convictions : vous êtes libres de faire ce que
bon vous semblera. Que ceux qui partagent mes opinions
me suivent; que ceux qui ne les partagent pas se retirent.»
La seule conséquence à tirer, c'est que le concert est évident,
que les représentants ne se trouvaient pas là par hasard ;
qu'ils sont sortis du lieu de leur réunion à un cri qui est devenu un véritable signal; qu'ils ont trouvé l'artillerie au Palais-National. Je n'ose pas dire qu'elle était en mesure,
qu'elle attendait, puisque c'est un point qui peut être discuté
dans la suite des débats ; mais il reste toujours l'avis donné

la veille par *la Démocratie pacifique*, de la délibération de l'artillerie au sujet de la manifestation. Je réserve ces points-là, ils trouveront leur place plus tard dans la discussion. Mais, enfin, il y a toujours cette situation très-nette et très-franche faite au colonel Guinard. Admettons qu'il soit surpris, qu'il apprenne là seulement, par les représentants de la Montagne, où ils vont. Immédiatement il pose lui-même la distinction, il la fait aux hommes qu'il commande; il est chargé d'une grande responsabilité militaire ; il répond de son corps ; il offre lui-même l'alternative à ses soldats, parce qu'il sait bien que c'est une détermination grave; il ne dissimule rien de la position, il se prononce.

Eh bien, je le répète, à supposer que l'accusé Guinard ne fût pas informé la veille, au moment où il s'est ainsi posé la question, où il l'a creusée dans toute ses profondeurs, où il a songé sérieusement pour lui et pour ses hommes à ce qu'il avait à faire, il a pris une détermination mûrie, réfléchie, discutée avec lui-même; il est entré en ce moment dans le complot, s'il n'y était pas déjà. Car avant l'attentat qui va se continuer ou se commettre au Conservatoire, il y a là la résolution de passer du côté de l'insurrection. La résolution est prise, je le répète, et Guinard accompagne la Montagne au Conservatoire. Je vous épargne le trajet : vous savez ce qui s'est passé et les rues qu'on a traversées. Vous savez les cris qui ont été poussés, sinon par les artilleurs, au moins par ceux qui les accompagnaient. Ce sont des points dont la discussion est également réservée.

On arrive au Conservatoire : vous savez dans quelles circonstances. Le poste est commandé par le sergent Tronche et par le caporal Crance ; ils ont quinze hommes. C'est l'accusé Rattier qui se charge de les haranguer ; il se présente comme le représentant de l'armée; il dit qu'il respecte le chef du poste, et cependant il demande les cartouches, il cherche à se les faire délivrer. On cherche à désarmer les soldats. L'accusé Boichot intervient, et s'y oppose, disant : *Ils sont à nous.* Ledru-Rollin se mêle lui-même à cette conversation en disant : « N'ayez pas peur, c'est Ledru-Rollin qui vous parle. » On fait appeler M. Pouillet; on est introduit dans les salles du Conservatoire; on demande à M. Pouillet une salle pour délibérer. Pour délibérer, entendez-bien! On s'installe dans un amphithéâtre où on ne reste qu'un instant. On entre ensuite dans la salle des Filatures; on y parle, on y demande de l'encre, on y écrit; on y délibère ; on y est vu par M. Dupin qui entend prononcer le nom de Forestier. Ledru-Rollin se plaint que Forestier n'arrive pas. Un représentant monte sur une table et harangue les autres.

Pendant ce temps, l'artillerie, qui est venue pour protéger les représentants et qui s'est constituée la force publique de -

l'insurrection, place des sentinelles. On fait une barricade à l'intérieur, au coin de l'ancien réfectoire, dans un endroit fort étroit; on la fortifie en fermant derrière elle la brèche d'un mur et en apostant des factionnaires afin d'empêcher tout envahissement de ce côté. On fait reculer le poste de la ligne dans la cour du Cloître et on l'y fait surveiller. Non-seulement on fait une barricade à l'intérieur, mais deux fois on tente d'en construire une près de la grille, rue Saint-Martin; quelques individus appartenant aux personnes qui ont envahi le Conservatoire dételent à deux reprises différentes des omnibus. Les omnibus sont réattelés, cela est vrai; vous avez entendu deux témoins qui ont déclaré que les artilleurs avaient aidé à réatteler les chevaux, mais en disant : « Ne faites pas de barricades en cet endroit, cela nous gênerait. » Plus tard, à l'aide d'une charrette de fumier, d'une voiture et de roues détachées, on construit une barricade à la hauteur du n° 249.

Nous sommes, quant à nous, disposés à accorder que quelques artilleurs se sont opposés aux barricades ; seulement, il y a un fait positif et qui n'admet pas l'équivoque, c'est que si des artilleurs ont concouru à rattacher les chevaux des omnibus, d'autres artilleurs ont concouru à faire la barricade placée vis-à-vis le n° 249, et que d'autres encore ont monté la garde comme factionnaires près de cette barricade.

Lorsque la compagnie commandée par les capitaines Goubeau et Dupuis est arrivée sur la barricade, tournant le dos au boulevard, les artilleurs l'ont reçue en ennemie, après avoir mis la crosse en l'air. Nous savons la contradiction qui existe là-dessus ; mais, enfin, nous croyons pouvoir dire qu'il est démontré que les premiers coups de feu sont partis du côté de la grille du Conservatoire et du côté de la rue Grenétat; que ce soient des artilleurs ou des hommes en blouse, peu importerait; cependant il y a un grand nombre de témoins qui ont déclaré avoir vu tirer les artilleurs

Il y a notamment tous ceux qui ont essuyé le feu, et, en vérité, peut-on croire que les témoins Goubeau, Dupuis, Galibert, que tous ces officiers, que M. Hubert, notaire, garde national qui s'est très-bravement conduit, que MM. Ragot et Cartier qui étaient avec lui, que Pierron, se soient entendus pour déclarer un fait qui serait complétement faux? qu'ils auraient maqnué par un parjure au serment qu'ils ont prêté? En vérité, ce n'est pas possible. Les gardes nationaux sont arrivés sur la barricade, derrière la barricade, en faisant une charge à la baïonnette ; ils ont expliqué que c'était au moment où ils couraient qu'ils avaient reçu les premiers coups de feu, et cela par deux fois différentes. C'est alors seulement qu'ils ont répondu. Du reste, ils ne sont pas les seuls témoins; Proux a fait une semblable déclaration ; le pompier Panseron a affirmé qu'on avait tiré positivement

devant lui, de la grille, et qu'aucun coup de feu n'avait été
tiré auparavant. Il y a un homme, le témoin Hurel, qui
rentrait dans la rue Grenétat, qui a entendu derrière lui les
coups qui sont partis du bout de cette rue; il a expliqué cela de
la manière la moins contestable ; il n'a pas positivement vu,
mais il a entendu les coups partir de l'endroit qu'il venait de
quitter, et il déclare qu'il n'avait entendu aucun coup de feu
auparavant.

Eh bien, tous ces gardes nationaux qui ont essuyé le feu
sont des hommes honorables ; ils se sont bien conduits ; ils
ont montré de la bravoure, et, qu'on me permette de le dire,
une bravoure qui est moins facile pour ceux qui ne sont pas
tous les jours appelés au danger, et qui laissent derrière eux
une famille, des affaires qu'il faut quitter pour endosser un
uniforme et s'exposer aux balles. Ajoutez que quand ils arrivent ici comme témoins, ils ont à lutter contre des irrita-
tions bien sévères, bien injustes de la part des accusés.
Eh bien, il faudrait supposer que ces hommes honorables
viendraient tous à la suite les uns des autres attester fausse-
ment un fait qui n'a pas même d'importance, car, après tout, la
barricade était faite, et la garde nationale qui arrivait pour
la prendre était dans le droit de la guerre.

Le témoin Compagnon, un des témoins les plus favorables
aux accusés sur ce point, déclare que les artilleurs tenaient
en joue, s'avançaient en tirailleurs, quand on est venu prendre
la barricade. Dans ce moment, les gardes nationaux auraient
tiré les premiers ; en état de guerre, cela se concevrait très-
bien ; si c'eût été malheureux, regrettable comme toutes les
conséquences des guerres civiles, ce ne serait pas un cas de
déloyauté, et il n'y aurait aucun intérêt, pour cacher ce fait, à
aller jusqu'à se parjurer en justice et à mentir au serment
qu'on a prêté. Ce n'est pas possible. Les officiers Goubeau,
Dupuis, Galibert ont dit la vérité ; c'est l'impression qu'ils
ont produite ici, même vis à vis des accusés, car deux d'entre
eux ont reconnu que MM. Dupuis et Galibert s'étaient conduits d'une manière fort honorable à leur égard. Je dis que
ces hommes ne doivent pas être justifiés davantage d'un prétendu mensonge qui chargerait gravement des accusés, et qui,
en définitive, ne servirait qu'à les défendre eux mêmes d'un
acte qui ne serait pas à désavouer. Ils ont dit, nous en sommes convaincus, la vérité, et tous ceux qui entendraient le
témoin Pierron seraient bien peu disposés à suspecter sa sincérité. Ainsi, ce point me paraît parfaitement établi. Il y a eu
deux décharges sur la garde nationale avant qu'elle ait tiré.

Je viens de raisonner dans la position des gardes nationaux; une réflexion l'emporte. Les artilleurs qui défendaient
le Conservatoire, après tout, avaient accompagné les représentants pour les protéger ; ils acceptaient la conséquence fu-

neste et fatale de l'état d'insurrection. Je ne dis pas qu'ils aient provoqué des luttes; mais enfin quand ils ont vu, à l'encontre d'une barricade qu'ils avaient laissé faire, que leurs factionnaires gardaient, arriver une compagnie de la garde nationale, et, derrière elle, la ligne, ils ont tiré; ils ont voulu se défendre par la même raison qu'ils avaient laissé faire une barricade, et qu'ils avaient concouru à la faire. C'était un état de défense. Ils avaient fait d'ailleurs des barricades dans le Conservatoire; ils avaient l'intention de s'y défendre, puisqu'il a fallu qu'on forçât la grille pour entrer, quand le 62ᵉ s'est présenté. Lors donc que le témoin Panseron, qui était là, déclare avoir vu par une porte vitrée tirer un artilleur ou un garde national qui était à côté des artilleurs, lui aussi dit la vérité et il confirme la déposition des officiers et des gardes nationaux dont j'ai parlé.

Maintenant, on entre dans le Conservatoire. Vous savez ce qui s'est passé; vous avez entendu hier encore la déposition du commandant de Moncla; il vous a raconté ce qu'il avait fait; il s'est retiré pour aller chercher des renforts; il a laissé la grille fermée; il a donné des ordres; il avait dit en entrant, ce qui résulte des faits mêmes, que ceux qui étaient là cernés étaient prisonniers. Il est allé chercher des renforts; il est revenu; en définitive, des représentants ont été arrêtés; deux avaient été arrêtés dans la rue, cinq l'ont été au Conservatoire. Un assez grand nombre d'artilleurs ont été également faits prisonniers. Vous savez comment on est parti, comment a eu lieu la fuite.

Vous avez entendu ici un témoin qui a été l'objet d'une contestation très-vive au sujet d'un fait assez indifférent au procès, mais relatif à la fuite de la salle des Filatures; c'est le témoin Dupin, qui a vu passer l'accusé Ledru-Rollin par un vasistas; il faut dire à MM. les jurés que ces vasistas sont très-grands et comprennent deux carreaux de vitres, que c'est presque une fenêtre. Le témoin a expliqué comment l'accusé a passé, comment il est descendu sur un réchaud, de l'autre côté; et puis, sur toutes les questions qu'on lui faisait, il a répondu avec des paroles de bonhomie qui lui appartiennent; certes il n'a pas l'air d'un faux témoin. Pressé sur ce fait: « Pour ça, » a-t-il dit, « c'est très-positif. Oh! il n'y a pas à tergiverser là-dessus. »

Ces réponses dispensent de tout commentaire, le domestique Ceurdeveys confirme d'ailleurs la sortie isolée de l'accusé Ledru-Rollin par la porte du jardin.

C'est un fait, je le répète, qui n'a pas beaucoup d'importance, l'accusé étant absent; seulement, ce qui a toujours de l'importance pour le ministère public, c'est de maintenir la vérité des témoignages, quand cette vérité lui paraît inattaquable. Eh bien! la déposition du témoin Dupin nous paraît une de celles qui, malgré de petites variations, ou plutôt de petites dissemblances qu'on a pu trouver entre les déclaration moins complètes de l'instruction, et la déclarations plus complète devant la haute cour, restent à l'abri de tout soupçon. Et là-dessus il n'y a pas à se tromper; il faut être un homme sincère ou mentir. Le témoin Dupin ne paraît à personne ici un homme capable de mentir à la justice.

Vous savez comment la fuite s'est opérée; vous savez comment on est sorti par deux portes du jardin, qui ouvrent toutes les deux sur la rue Vaucanson; vous savez que d'autres ont pris un autre moyen, qu'ils sont descendus par-dessus les toits dans la rue de Breteuil; qu'ils ont changé de vêtements. Deux des accusés qui se sont ainsi enfuis sont ici. Vous savez enfin que, lorsque le 62e est entré, M. Castelbon a été dirigé avec une portion de sa compagnie du côté des bâtiments; que M. Solon, avec l'autre partie de la compagnie, s'est dirigé vers la gauche, du côté où la barricade avait été faite. Il a trouvé là, c'est un fait qu'il importe de rappeler, des artilleurs baissés derrière la barricade, qui, lorsqu'il est arrivé, ont eu un instant l'air de vouloir se défendre; ils ont ensuite disparu.

Quant à M. Castelbon, c'est lui qui a pénétré dans la salle des filatures; il vous a expliqué dans quelles circonstances avait eu lieu, devant lui, la fuite générale par les vasistas et les fenêtres qui donnent sur le jardin.

Une compagnie du 24e de ligne parcourut ensuite l'établissement. Les recherches furent continuées le lendemain par les magistrats. C'est ainsi que furent retrouvées, en fragments, des lettres qui sont présentes à votre esprit, mais que je ne peux me dispenser de vous relire :

La première est une lettre écrite au crayon par l'accusé Avril :

« Au Conservatoire des Arts et métiers, le 12, à deux heures. (Le 12 est évidemment ici, par erreur, pour le 13.)

« Cher président,

« L'insurrection a éclaté; elle se répand dans tout Paris. La Montagne est en permanence, gardée par l'artillerie de la garde nationale. Le peuple court aux armes pour soutenir la constitution. Grenoblois, aux armes pour soutenir vos frères de Paris ! Aux armes ! aux armes ! Votre représentant va peut-être mourir pour vous.

« L. AVRIL. »

Une autre lettre est revêtue de six signatures :
« A M. Duchesne, imprimeur, à Châlon-sur-Saône.

« Deux heures et demie. Après la manifestation pacifique, qui a été repoussée par les sergents de ville, qui ont tué

6*

trois ou quatre hommes, la Montagne a traversé la ville aux cris de *Vive la République! vive la constitution!* et s'est con- stituée en permanence au Conservatoire des arts et métiers, d'où nous faisons une proclamation au peuple pour l'appeler aux armes. Donnez le signal de suite, partout; l'épée est sor- tie du fourreau.

« Communiquez cette lettre au bassin houiller ; il n'y a plus à hésiter.

« Salut fraternel.

« E. MENANT, HEITZMANN (VICTOR),
ROLLAND, ROUGEOT, CH. PFLIE-
GER, LANDOLPHE.

« 13 juin. »

Voilà deux lettres qui n'émanent pas d'une même per- sonne et qui disent que la montagne est en permanence au Conservatoire des arts et métiers, sous la garde des artilleurs de la garde nationale.

Une troisième est ainsi conçue :

« A M. Roth Grappin, limonadier, à Châlon-sur-Saône.

« Je ne sais si ma lettre à Duchesne parviendra ; je vous jette à tout hasard ces deux mots pour vous dire qu'à la suite d'une manifestation pacifique que la police a ensan- glantée, la montagne s'est mise en permanence aux Arts et métiers. Une proclamation au peuple est lancée, on l'appelle aux armes aux cris de *Vive la République! vive la constitu- tion!* Faites votre affaire. La question est engagée à la mort. Faites votre devoir, citoyens de Saône-et-Loire ! »

« Salut fraternel,

« E. MENANT, HEITZMANN
(VICTOR).

« 13 juin, trois heures après midi. »

La question est engagée à la mort !

Nous nous demandons si ces trois lettres, écrites au Con- servatoire, à quelques pas de ce qui se passait à la grille, peuvent se concilier avec cette attitude complétement inof- fensive que voudraient se donner aujourd'hui les artilleurs.

Enfin, vous savez qu'il est un autre billet écrit au crayon, ainsi conçu :

« Il serait, je crois, très-à-propos qu'un certain nombre d'entre vous parussent dans la rue avec leurs insignes; nous nous assurerions par avance du quartier en poussant une reconnaissance chaque fois ; Kersausie, Lemaître et moi, nous pouvons faire ce service d'éclaireurs.»

Voilà, messieurs, indépendamment des armes, indépen- damment de la carte du représentant Louriou (c'est un point à discuter), indépendamment de la carte de l'accusé Chipron et d'autres objets, voilà les pièces capitales qui ont été trouvées dans la salle des filatures, après le départ des re-présentants.

Je n'hésite pas à dire que ces trois pièces émanées des accusés Menant, Landolphe, Avril, etc., sont la réfutation la plus complète, la plus inébranlable de l'insignifiance que par moment on voudrait donner à cette occupation du Conservatoire.

Il est évident que tous les termes de ces lettres portent et révèlent l'intention qui y a conduit : on n'est pas venu là par hasard, sans savoir où l'on allait; on est venu en souvenir de ce que le Conservatoire avait été, dans d'autres temps, promis comme un refuge pour l'assemblée; on est parti de la rue du Hasard à un signal reçu; on a traversé la ville aux cris de : *Vive la constitution! vive la République!* On s'est installé au Conservatoire pour délibérer, comme on l'a dit à M. Pouillet, on s'y est mis en permanence, on y a fait une proclamation, comme on l'écrit et comme on le dit : il faut agiter le bassin houiller; « *il n'y a plus à hésiter ; le peuple court aux armes.* »

Effectivement vous savez ce qui se passait autour du Conservatoire. Des barricades s'élevaient; il y en avait deux, entre autres, formidables, qui s'élevaient rue Aumaire et rue Transnonnain; elles furent emportées par la troupe, par les officiers que vous avez entendus, par les capitaines Pierret, Bayard et Vincent; vous savez enfin ce qui a été établi ces jours-ci relativement à l'accusé Forestier ; vous savez ce que l'accusation lui reproche; vous connaissez sa promenade dans les rues au moment où des barricades s'élevaient, quoi qu'il en dise, et non pas après leur destruction. Et l'on peut supposer que s'il ne s'est pas rendu au Conservatoire en revenant par la rue Aumaire, c'est qu'à ce moment il a su que le Conservatoire était définitivement pris. Enfin vous n'avez pas oublié qu'un représentant est sorti du Conservatoire pour aller chercher le colonel Forestier : c'était l'accusé Suchet; vous avez assisté à toutes les confrontations qui ont eu lieu ; je m'en rapporte, à cet égard, à vos souvenirs.

Je ne touche pas d'ailleurs aux détails personnels à l'accusé Suchet; mais, pendant qu'il se rendait ainsi auprès du colonel Forestier, dont le nom avait été prononcé au Conservatoire, l'accusé Beyer se transportait dans la rue Saint-Denis, passait devant le poste des bains Saint-Sauveur et cherchait à le désarmer, suivi de quelques hommes qui parcoururent les rues aux : cris de *Aux armes! vive la constitution! vive la République!* Il alla enfin jusqu'à la place des Petits-Pères, où il disparut lui-même devant l'escorte qui grossissait derrière lui.

Vous savez qu'au même instant le représentant Jannot allait à Belleville offrir ses services, se mettre à la disposition du maire, qui demeura fidèle au Gouvernement établi, et qui, par son attitude, découragea Jannot de la tentative d'usurpation factieuse qu'il venait faire à la mairie.

Voilà dans quelle direction, dans quel esprit de suite et d'organisation insurrectionnelle, se trahissent et s'exécutent les pensées qui s'écrivaient au Conservatoire, et que traduisaient dans leurs lettres les accusés Menant, Landolphe, Avril, et ceux qui ont signé avec eux.

Voilà ce qui donne une base sérieuse à l'accusation, voilà ce qui ne permettra pas qu'elle soit détournée de son véritable caractère ; voilà ce qui la rattache à ces faits que l'heure avancée ne me permet plus de reprendre un à un, à ces faits qui constituent les ramifications dans les provinces, et qui concordent si bien avec le conseil donné par les accusés Menand et Avril.

Qu'il me soit permis cependant de rappeler une lettre de l'accusé Etienne Arago, qui vous a été lue ; cette lettre, qui recommandait d'attendre le signal, de ne pas bouger, de peur de tomber dans un piége, était suivie précisément, deux jours après, dans tout le département des Pyrénées-Orientales, de démarches, d'envois d'exprès, de mots d'ordre mis en mouvement par les personnes auxquelles elle avait été adressée.

Vous vous rappellerez la correspondance de l'accusé Paya, notamment cette lettre du 13 qui porte son nom et qui se terminait par ces mots : « Préparez vos localités en conséquence. » Vous n'oublierez pas une autre lettre que Paya recevait de Nantes, du sieur Mangin, à la date du 15, et dont voici les termes :

« Mon cher ami,

« Vous nous annoncez des événements bien douloureux, lorsqu'il nous était tant permis de compter sur une victoire.

« Mais le peuple a ses caprices, il a eu celui de ne pas se battre. Quant à l'armée, elle n'eût pu se jeter dans les bras de la révolution qu'au milieu de la lutte. En somme, c'est pour le pouvoir une victoire presque négative. Si la Montagne est décimée, la mort ne nous a enlevé aucun de nos soldats.

« Que vont devenir dans la bagarre *la Réforme, le Peuple, la Vraie République, la Révolution,* et *tutti quanti ?...... »*

Voilà une lettre très-grave adressée à Paya. Vous savez celle qu'il a écrite le 13, vous connaîtrez plus tard les charges particulières qui pèsent sur cet accusé. Vous pouvez voir par cet aperçu, et encore par une pièce que nous allons vous citer, dans quel rayon s'étendaient les ramifications, et les fausses nouvelles qui tendaient à agiter toute la France. La

Gazette de Manheim publiait, sous le titre de *Dernières nouvelles*, l'article suivant :

« 16 juin.

« Une révolution a éclaté en même temps à Paris et à Strasbourg ; *Louis Napoléon* est en fuite ainsi que son Gouvernement, coupables de haute trahison envers le peuple. L'armée a reconnu qu'on voulait l'employer à la suppression de la liberté ; l'armée et le peuple se tendent une main fraternelle.

« Une dépêche adressée au gouvernement provisoire, que nous recevons tout imprimée, confirme ces nouvelles. »

Enfin, messieurs, après cette digression relative à ce qui se passait dans les départements, il faut cependant que je vous lise encore une pièce. Nous vous avons indiqué, quand l'occasion s'est présentée, les circonstances qui établissaient l'action soit du Comité démocratique socialiste, soit du Comité de la presse, soit de la Montagne, soit, au Conservatoire, celle de la Société des Droits de l'homme ; mais il y a un fait qui ne vous a pas échappé dans les débats, un fait qui a reçu hier ou avant-hier une nouvelle consécration. Les barricades qu'on attribuait l'autre jour à des hommes expédiés en toute hâte, disait-on, de la préfecture de police, à deux heures et demie, il s'est trouvé qu'elles ont été faites et dirigées par l'ancien président de la Société des Droits de l'homme, par l'accusé Villain, qui a été parfaitement reconnu par la femme Lefebure.

C'est lui qui a dételé deux fois de suite les chevaux de l'omnibus.

C'est lui qui a résisté aux observations qu'il rencontrait à l'occasion de l'érection des barricades ; c'est lui qui a confectionné lui-même la barricade, composée d'une voiture de fumier, qui s'étendait du n° 249 au n° 218.

Voilà le principal organisateur des barricades ; il a été reconnu par la femme Lefébure, qui l'a reçu chez elle, qui l'a vu dans plusieurs moments, qui vous l'a dépeint non-seulement par sa figure, mais par son costume. Vous avez entendu tout à l'heure la lecture de la déposition du domestique de M. Pouillet, qui avait connu l'accusé Villain quand il était président du club de la Société des droits de l'homme ; il l'a reconnu au Conservatoire, il lui a parlé, il l'a introduit dans l'appartement de son maître au moment où Villain, qui était là en ordonnateur, venait visiter les appartements et les issues possibles, et placer des factionnaires à la porte de M. Pouillet.

Voilà pour les hommes qui dirigeaient.

Maintenant, je le répète, il faut que je vous donne connaissance, que je vous entretienne de la pièce qui a été saisie chez Merlet, et que je vous rappelle dans quelles circonstances elle a été trouvée : elle a été saisie chez un homme qui est traduit en police correctionnelle pour détention d'armes de guerre dans un mouvement insurrectionnel et pour avoir fait partie d'une société secrète.

Le procès-verbal indique en effet la saisie, chez cet homme, d'une grande quantité de poudre, de cartouches et de munitions de guerres. C'est le même procès-verbal qui constate la découverte de la pièce dont nous n'avons à vous lire que quelques passages importants:

Lundi 11 *juin.* « La commission est en permanence. La sous-commission de cinq membres se rend chez quelques représentants; elle obtient pour réponse que la Montagne épuisera d'abord tous les moyens légaux et qu'ensuite elle prendra les armes. »

Quelques-uns des termes de cette réponse se retrouvent dans la déclaration de la Montagne, publiée dans les journaux du 12.

« Dans cette alternative, la commission convoque les chefs de section à onze heures du matin et désigne quatre locaux pour leur permanence. La commission se rapproche de l'Assemblée et n'en quitte qu'à l'issue de la séance. L'ordre du jour pur et simple ayant prévalu, la commission lève la permanence à sept heures. Entre neuf et dix heures du soir, elle se rend à la réunion de la Montagne, au Palais-National, et communique avec quelques représentants qui, après quelques chaudes paroles échangées, s'engagent à agir énergiquement. »

« La commission se retire à onze heures. »

« *Mardi* 12 *juin.* — La commission se réunit à onze heures du matin, convoque la permanence des chefs de sections pour dix heures, puis enfin celle des sectionnaires pour six heures du soir. Les permanences sont visitées par les membres de la commission, qui tiennent, autant qu'il leur est possible, les sectionnaires au courant de ce qui se passe à l'Assemblée. Le vote est en faveur du pouvoir. La séance est levée à neuf heures et demie. Les permanences sont levées à dix heures et convoquées pour le lendemain matin.

« *Mercredi* 13 *juin.* — La commission se réunit à six heures du matin, et apprend officiellement que la manifestation doit avoir lieu à onze heures. Elle décide qu'un de ses membres, auquel il sera adjoint deux chefs de section, devra suivre de l'œil cette démonstration et venir rendre compte de ce qui s'y passera à la commission. La commission adopte un mot d'ordre qu'elle communique aux chefs de sections, donne ordre aux sections de se tenir sur les quais (rive gauche, du pont de la Tournelle au pont Neuf; rive droite, du pont Notre-Dame au pont Neuf), et de ne pas suivre la manifestation. Les renseignements qu'on en reçoit sont satisfaisants, et tout porte à croire que le mouvement s'opérera, pour ainsi dire, sans coup férir. La délégation rentre au sein de la commission.

« Quelques instants après, une délégation, se disant envoyée par la Montagne, se présente à la commission et nous dit qu'il faut que nous nous emparions du Conservatoire des arts et métiers, parce qu'il est probable que la montagne viendra y siéger. « Vous n'avez, nous dirent-ils, qu'une demi-heure pour le faire. » Sur une parole aussi vague, la commission ne crut pas devoir engager la vie de ses sectionnaires ; et aussitôt elle délégua trois de ses membres vers la montagne, qui répondit que, parmi eux, il n'avait été nullement question de cela. Le citoyen **** lui-même s'informa de ce que nous pourrions disposer de monde. La commission, ne voulant pas exagérer le chiffre, répondit que, trois heures après les ordres donnés, elle pourrait fournir une colonne de mille hommes, attendu qu'un grand nombre des nôtres étaient à la manifestation. Le citoyen ***** continue en ces termes : « Nous sommes en observation, le mouvement se combine ; nous attendons des nouvelles certaines de la manifestation. Les principaux chefs de la garde nationale nous viennent à chaque instant ; il faut leur laisser l'initiative. Lorsque le mouvement sera bien dessiné, nous viendrons alors avec l'artillerie de la garde nationale et les colonels qui seront pour nous ; et conjointement, eux et vous, vous entourerez le Conservatoire pendant que nous délibérerons. Mais, pour le moment, attendez : trop de précipitation gâterait tout. Observez et tenez-vous prêts : voilà votre rôle. » Sur ces entrefaites, la commission donne ordre aux sections de descendre dans les rues Saint-Martin et Rambuteau.

« Quelques instants après, le cri : *Aux armes !* se fait entendre. La commission est forcée d'évacuer sa permanence : quelques-uns de ses membres se dirigent vers le Conservatoire, les autres vers le Palais-National, afin de savoir si définitivement les montagnards se rendaient aux Arts et métiers. Hélas ! il était trop tard : nos représentants y étaient allés. Ainsi, n'ayant reçu aucun avertissement ni mot d'ordre de la part de la Montagne, grâce à une perfidie dont vous connaîtrez l'histoire tout à l'heure, les *Droits de l'homme*, n'ayant pas eu le temps de se grouper ni de s'armer, ont seuls, concurremment avec l'artillerie de la garde nationale, soutenu le choc de la troupe au Conservatoire. Le fait ne peut pas être démenti, puisque trois des nôtres y ont perdu la vie ; d'autres ont été blessés, d'autres enfin faits prisonniers, dont un membre de notre commission ; et il fallut toute la sollicitude de notre commission pour arracher à une mort certaine quelques-uns de nos sectionnaires que le courage retenait dans les rues Transnonnain et Beaubourg à lutter contre le 62ᵉ de ligne. Ne prévoyant pas une attaque aussi prompte, nous

n'avions pas pu prévoir la défaite ; nous donnâmes donc indi-
viduellement des ordres différents, mais qui, cependant, ne
nuisirent en rien à l'affaire. Les uns dirent aux sectionnaires
de se retirer chez eux; les autres, au contraire, cherchant à
rallier les débris de notre petite armée, et ne se tenant pas
pour battus, donnèrent rendez-vous aux sectionnaires sur le
quai Saint-Bernard, à huit heures du soir. Comme la garde
nationale du quartier du Caire nous semblait assez bien dis-
posée, nous groupâmes nos sectionnaires dans cet endroit;
mais quand onze heures du soir arrivèrent, les gardes nationaux rentrèrent chez eux et nous jugeâmes prudent d'en
faire autant »

Voilà la dernière pièce dont j'avais à vous donner lecture ;
c'était nécessaire encore pour justifier les relations qui se
sont établies entre les divers centres qui ont concouru à
cette grave action du Conservatoire.

Je tiens à vous dire qu'à côté de cette pièce on a saisi
chez Merlet, écrite à la main, au crayon, d'une manière qui
n'est lisible qu'en partie, une copie du règlement nouveau
de la société des Droits de l'homme. La pièce a été confiée
à un expert. Le rapport a été fait, et, malgré les dénégations
de Merlet, qui prétend avoir trouvé toutes ces pièces dans la
rue Saint-Jacques, il a été positivement constaté par l'expertise
que, soit le compte rendu que nous venons de vous lire, soit
la copie du règlement de la société des Droits de l'homme,
tout était de la main de Merlet.

Tel est l'ensemble des faits qui concernent l'attentat. Nous
avions commencé par établir le complot et les actes d'exécution qui s'y liaient; nous avons terminé, comme nous devions
le faire, en établissant les caractères généraux de l'attentat.
Il a été consommé dans un but sérieux de révolution nettement établi. Les pièces émanées du Conservatoire ne permettent pas, à cet égard, le moindre doute ni la moindre
faiblesse.

Nous avons retenu trop longtemps votre attention ; nous
croyons pouvoir nous dispenser de soumettre à votre haute
raison des considérations générales sur une pareille affaire.
Nous sommes dans des temps difficiles; vous vivez au cœur
du pays, vous êtes répartis sur toute sa surface, vous vous
inspirez de ses besoins, de ses craintes, de ses justes solli-
tudes. Vous apporterez ces impressions, avec une juste mesure,
dans l'accomplissement du devoir de justice qui vous est confié.

Quant à nous, nous croyons ne pas sortir de notre devoir,
mais nous y renfermer, en faisant un appel, non-seulement
à votre fermeté de juges, mais encore à votre patriotisme de
citoyens.

M. le président. L'audience est levée.

(Il est cinq heures et un quart.)

AUDIENCE DU JEUDI 8 NOVEMBRE 1849.

SUITE DU RÉQUISITOIRE DE M. L'AVOCAT GÉNÉRAL.

2e PARTIE.

Faits particuliers concernant les accusés Chipron, André, Dufélix, N. Lebon, Maillard, Baune (Aimé), Langlois, Bureau (Allyre) et Paya (1).

M. *le président.* M. l'avocat général a la parole.

M. *l'avocat général de Royer.* Messieurs les hauts jurés, nous avons à ajouter aux démonstrations que nous vous avons présentées hier, le résumé des charges particulières ou individuelles qui pèsent sur les membres du Comité démocratique socialiste et sur les membres du Comité de la presse présents à cette audience.

Sur les membres du Comité socialiste, nous devons commencer par vous faire une simple réflexion qui sera un appel à vos souvenirs sur l'ensemble de l'affaire.

Vous comprenez que le Comité démocratique socialiste, ou plutôt que la commission des vingt-cinq, qui en est la dernière expression depuis les élections du 13 mai, est ici représenté par les actes que vous avez lus hier, notamment par l'adresse de la commission des vingt-cinq, qui a paru le onze dans les journaux démocratiques socialistes ; par cette publication que nous avons qualifiée et que nous avons démontré, nous l'espérons, avoir été un des premiers signaux du complot et de l'attentat; par cette publication qui conviait les représentants de la Montagne à prendre l'attitude qu'en effet ils ont prise dans la journée même du onze, et qui s'est ensuite prolongée par d'autres actes que vous connaissez, et sur lesquels, incessamment, nous vous prierons de fixer vos regards. Le complot et l'attentat sont là, le procès est là, dans les actes que vous avez connus, que vous avez appréciés. On ne peut pas les dénaturer, on ne peut pas les contester ; et après ces longs débats, après les discussions plus ou moins animées qui pourront leur survivre, ce sera dans ce dernier terme de l'appréciation de la vérité que vous devrez encore aller puiser la dernière inspiration qui décidera, après votre délibération, du sort définitif des accusés.

---

(1) *Chipron* et *Dufélix*, déclarés coupables de complot et d'attentat;— N. *Lebon*, déclaré coupable d'attentat; — *André, Langlois* et *Paya*, déclarés coupables de complot, ont été condamnés à la déportation.

Maillard, Baune et *Bureau* ont été acquittés. (Voir le *Moniteur* du 14 novembre.)

Eh bien, messieurs, en ce qui concerne le Comité démocratique socialiste, les signatures qui sont apposées au bas de la pièce du 11 sont déjà le point de départ, vous le comprenez, de la démonstration spéciale que nous avons à vous faire aujourd'hui ; et nous ne pouvons que placer cette démonstration sous le souvenir de la pièce capitale qui engage les membres du comité des vingt-cinq dans le procès, qui les engage par un concert dont la preuve matérielle est sous vos yeux, et qui doit précéder tout examen particulier. A la suite de cette pièce, publiée par les journaux du 11, notamment par la *Vraie République* et par *le Peuple*, se trouvent les noms des accusés André, Baune, Chipron, Cœurderoy, Dufélix, Duverdier, Maillard, Madier-Montjau jeune, Morel, Pardigon, Servient, Songeon, Tessier-Dumotay.

Nous ne vous avons lu que les noms des accusés. Vous avez déjà compris par les débats qui se sont déroulés devant vous, et vous comprendrez par les explications particulières encore, que les vingt-cinq membres de la commission des vingt-cinq n'ont pas pu être traduits tous devant vous ; qu'on n'a renvoyé ici, avec le soin le plus scrupuleux, que ceux pour lesquels, à côté de la signature, on a trouvé des actes ou des preuves significatives. L'accusation ne peut vous déférer tout ceux qu'elle pourrait, peut-être légitimement, soupçonner ; elle tient à n'amener devant une cour de justice que ceux contre lesquels elle rencontre des éléments sérieux de culpabilité, et si le doute existe pour quelques-uns, si le doute profite à quelques-uns, ce n'est pas un reproche à faire à l'accusation ; c'est peut-être un hommage à rendre, non pas à elle, elle n'en demande pas, mais aux institutions qui veulent que dans le pays où nous vivons on n'accuse que les preuves à la main.

Il faut, à côté de ce manifeste, il faut vous rappeler la lettre de l'accusé Songeon à Hodé. Vous avez entendu ici le témoin Hodé. Vous l'avez entendu modifier bien étrangement le langage qu'il avait tenu, non pas une fois, mais quatre fois dans l'instruction ; vous avez assisté à cette confrontation du témoin avec ses premières dépositions ; vous avez assisté à ce rappel qui lui était fait, tantôt par M. le président, tantôt par le ministère public, de déclarations qui ne pouvaient venir que de lui et qui contenaient des faits et des noms sur lesquels les embarras qu'il manifestait ici ne pouvaient, en définitive, laisser le moindre doute.

A la date du 20 juin, Songeon avait écrit à Hodé, de Bruxelles, une lettre qui a été lue à l'audience, que vous connaissez : je n'ai besoin de vous en rappeler encore, comme point de départ et comme guide, qu'un seul passage :

« Ah ! si tout le monde avait fait son devoir, quelle magnifique affaire ! Si vous saviez tout ce que j'ai appris des troupes les 13 et 14 pendant une course désespérée dans Paris ! »

Je n'ai pas besoin de vous dire ce que cette phrase a de significatif pour l'existence du complot, si quelques doutes pouvaient rester. Je n'ai pas besoin de vous dire, surtout, combien elle trahit les espérances que l'on avait manifestées par des actes funestes, les espérances qu'on avait, bien à tort, fondées sur l'armée. On avait fait, cela est vrai, de certains côtés, tout ce qu'on avait pu pour porter de déplorables atteintes à cette merveilleuse discipline qui est l'honneur de l'armée française, et qui est peut-être dans ce moment le salut du pays. On le sentait bien ; mais ce qu'on ne sentait pas, c'est que quelques actes isolés, qui ne tombent que sur ceux qui les ont commis, ne seraient pas imités ; et l'un des grands caractères de la journée du 13 juin, pour ceux qui cherchent la vérité, pour ceux qui la veulent complète, pour ceux qui l'acceptent quelle qu'elle soit, qui ne la font pas, qui ne la travestissent pas au gré de leurs passions, l'un des grands caractères de cette journée est l'admirable accord qui existe dans l'armée, et l'admirable sentiment d'obéissance et d'esprit du devoir qui y est inébranlable. C'est une grande leçon pour tous, car nous sommes dans des temps où le sentiment du devoir s'affaiblit et s'en va de chez beaucoup. Il faut que des exemples viennent de partout, et lorsqu'ils se rencontrent comme ils se sont rencontrés dans l'armée au 13 juin, il faut en honorer non-seulement l'armée, mais le pays qui produit et qui maintient, même à travers les révolutions, de tels exemples, de tels sentiments et de telles garanties de salut.

A la suite de cette phrase vient celle-ci :

« Mais on ne s'y reprend pas à deux fois pour une pareille partie.

« Ceux qui ont laissé Ledru sauver seul, ou à peu près, l'honneur de la Montagne, quand tout était déjà perdu, sont bien coupables ; mais si la Montagne en corps fût venue à dix heures, à midi même, encore à deux heures, tout était fini sans brûler une amorce avec la ligne. On eût dévoré les Vincennes, qui auraient reculé devant la garde nationale, et on avait la garde nationale par la Montagne. »

Et cela n'était pas convenu ; et le Comité démocratique socialiste n'était pas là tout entier, dirigeant, organisant, regrettant à la fin que la Montagne ne soit pas venue à dix heures, à onze heures, à midi, encore à deux heures ! Rappelez-vous tout ce que vous avez entendu. Rappelez-vous la pièce Merlet, les conférences des onze et douze avec la Montagne, et voyez si cette lettre, émanée d'un des accusés, n'est pas la preuve évidente de ce que nous vous établissions hier, avec des arguments tirés d'autres pièces.

« On eût dévoré les Vincennes, qui auraient reculé devant

la garde nationale, et on avait la garde nationale par la Montagne. Le peuple a bien fait de ne pas s'engager sans elle. On a grand tort de l'accuser aujourd'hui; et qui l'accuse ? Ceux qui n'ont pas eu le courage de brûler leurs vaisseaux !

« Adieu, mon cher Hodé, et encore une fois merci mille fois. Je vous supplie, dès que vous aurez des nouvelles de nos autres amis, faites-les-moi tenir, vous, notre providence à tous; c'est bien assez de l'amer chagrin d'un Février socialiste perdu; réunissons-nous au moins les fidèles pour nous consoler, nous défendre et combattre partout et toujours, à la vie et à la mort.»

Voilà les secrets et les mystères dévoilés, voilà le Comité démocratique socialiste qui parle par un de ses organes, par un des signataires de la pièce que nous vous lisions tout à l'heure, et nous sommes bien loin, comme vous le voyez, de ces petites questions de la manifestation, de ces petites questions de savoir si les sommations ont été faites à telle ou telle place; nous sommes bien loin de tout cela. « On eut dévoré les Vincennes, qui auraient reculé devant la garde nationale, et on avait la garde nationale par la Montagne. Le peuple a bien fait de ne pas s'engager sans elle. On a grand tort de l'accuser aujourd'hui; et qui l'accuse ? Ceux qui n'ont pas eu le courage de brûler leurs vaisseaux!

« ...C'est bien assez de l'amer chagrin d'un *Février socialiste perdu!*..... »

Voilà quels étaient les projets, voilà quelles étaient les espérances, les voilà nettement exprimés dans le secret du regret, dans la confidence qu'on fait de l'exil: voilà la preuve, et l'une des preuves les plus complètes, de la part de la commission des vingt-cinq dans les événements que vous avez à apprécier.

Maintenant, sous l'impression de ces paroles, sous l'impression de ce concert dont on ne peut isoler les individus que vous avez ici à juger, il faut cependant que vous les appréciez un à un.

Le premier qui se présente, c'est l'accusé Chipron. La discussion n'est presque pas possible à son égard; il n'a élevé dans l'instruction qu'une seule contestation, c'est sur sa présence à la réunion du 11 au matin, dans les bureaux de *la Démocratie pacifique*, présence qu'attestait le sieur Toussenel. Pour tout le reste, il l'avoue, il le concède; pour tout le reste il reconnaissait dans l'instruction les faits qui lui sont imputés, et ici c'est par le silence le plus complet qu'il s'est distingué dans les débats.

Ainsi il était, le soir, à la réunion de la rue Coq-Héron, n° 5; il est du nombre de ceux qui ont été rue du Hasard; il est du nombre de ceux qui ont été admis; il était, le len-

demain, à la réunion du soir de *la Démocratie pacifique* ; il
était, le 13, à la manifestation, et il est allé au Conservatoire.
Il y a été vu par le témoin Grégoire, que vous avez entendu
l'autre jour, et il reconnaît y avoir été; mais il y a plus que son
aveu, il y a sa carte qui porte son nom, et qui a été trouvée la-
cérée dans l'une des cours du Conservatoire. Cette carte, ce qui
n'est peut-être pas inutile à rappeler, porte ces mots : « Comité démocratique et socialiste, 12ᵉ arrondissement; le citoyen Chipron. » Il y était, si je puis m'exprimer ainsi,
officiellement, comme membre de la commission des vingt-
cinq, porteur de sa carte ; d'autres membres y étaient comme
lui. Vous avez entendu des témoins qui ont reconnu des
cartes, sinon semblables, du moins émanant du Comité démocratique socialiste, et portées par plusieurs individus à leur
chapeau. Je le répète, pour Chipron il n'y a pas de discussion possible; il ne conteste pas. Ce ne serait pas une
raison pour le déclarer coupable; mais les faits sont établis;
ils ont été avoués par lui, à l'exception d'une rectification
insignifiante. Il est signataire de l'une des pièces capitales
du procès ; il est accusé par une preuve matérielle. Il est
évidemment coupable, et je ne puis insister plus longtemps sur une accusation qui comprend, à son égard,
le complot et l'attentat.

Une partie des réflexions générales que nous venons de
faire s'applique nécessairement à l'accusé André. Nous vous
faisons remarquer qu'il était un des signataires de la pièce sur
laquelle nous raisonnions.

Nous vous expliquions hier longuement des détails qu'il
était nécessaire d'aborder une fois, et que nous croyons devoir maintenant vous épargner.

Ces détails ont porté successivement sur le Conseil central,
d'où est sorti le Comité démocratique socialiste, et sur le Comité démocratique socialiste. Nous vous avons lu des pièces
qui attestent le rôle le plus actif, le plus organisateur de la
part de l'accusé André.

Vous l'avez entendu dans ces débats prendre plusieurs
fois la parole, s'expliquer sur les faits; vous avez pu vous
convaincre par vous-mêmes qu'André, qui est avocat à la
cour d'appel de Paris, est un homme d'intelligence, et qu'il
n'est pas de ceux qui se laissent entraîner, sans connaître le
but, sans savoir ce qu'ils font, à des démarches graves, sérieuses, et dans lesquelles s'agitent non-seulement des questions électorales, mais des questions politiques et presque
sociales. Il avait pris dans le Conseil central, dans le Comité
socialiste qui lui a succédé, et dans la commission des vingt-
cinq, une attitude, nous ne craignons pas de le dire, qui
ne pouvait pas ne pas lui appartenir. Il en était l'un des
hommes les plus ardents et les plus dévoués. Dans les pièces

7

qui passeront sous vos yeux, vous retrouverez les traces de cette activité continuelle, de cette organisation de tous les jours.

Nous vous expliquions et nous parcourions avec vous hier des instructions sur lesquelles nous ne voulons pas revenir, mais que nous recommandons à vos souvenirs. Ces instructions, qui organisaient les centres d'arrondissement, les centres de banlieue; qui mettaient le comité en rapport avec les départements, avec la Montagne, sont, à très-peu d'exceptions près, signées par l'accusé André ; la plupart sont de sa main et ont été saisies chez lui ou chez l'abbé Montlouis.

Il faisait partie, avec l'accusé Baune et l'abbé Montlouis, de cette active commission qui envoyait les délégués choisis, les orateurs choisis, dans les réunions électorales; enfin, à la séance de fusion du 26 février 1849, il prenait la parole dans les termes que je vous ai rappelés.

Partout, à chaque trace de cette existence, de cette mise en œuvre d'un comité qui, nous vous l'avons démontré hier, n'était pas un comité purement électoral, mais un comité organisateur du parti et de la lutte du parti socialiste, André se montre l'un de ceux qui avaient la part la plus active, la plus personnelle, disons-le, la plus intelligente. Aussi quel est le nom que vous voyez le premier au bas de cette première pièce qui lie le comité au complot, indépendamment de la présence de quelques-uns de ses membres dans les actes du complot? Le premier nom, c'est celui d'André ; il est précisément en tête de tous, et il n'est pas suivant l'ordre que présente ordinairement la Commission des vingt-cinq.

L'accusé André défiait l'autre jour le ministère public de lui montrer une signature ; nous ne lui montrons pas de signature manuscrite, mais nous le suivons dans toute l'organisation de la Commission des 25, du Comité démocratique socialiste et du conseil central, et nous lui dirons que nous ne montrons pas pour les représentants de la Montagne la signature manuscrite au bas de ce qui a été arrêté dans la réunion du 12 au soir à *la Démocratie pacifique* et de ce qui a été publié le lendemain.

Nous vous exposions hier comment se faisaient ces sortes d'engagements; vous avez, pour les représentants, l'explication fournie par le représentant Versigny; eh bien, pour André et pour les membres signataires, avec lui, de la pièce publiée le 11, vous avez la déclaration de l'accusé Chipron. Savez-vous ce que répond Chipron au juge d'instruction ? Après avoir dit qu'il avait fourni la rédaction de l'une des déclarations des comités, s'expliquant plus spécialement sur la pièce dont il s'agit, il dit : « J'en accepte la responsabilité, car je me regarde comme lié par tout ce qui est fait au nom du Comité socialiste.

Ainsi, cette solidarité qui résulte, pour les représentants de la Montagne, de la déclaration faite ici par M. Versigny et du règlement de la réunion de la rue du Hasard, cette solidarité, l'un des accusés de la Commission des vingt-cinq la prend pour lui, l'accepte pour lui. Il ne s'explique pas sur l'accusé André, mais il s'explique sur lui, sur la portée des engagements du comité, sur les liens qui existent entre les hommes qni ont fondé cette organisation qui prend le prétexte électoral, qui agit, en effet, pendant les élections, parce que c'est une période où il faut agir, mais qui a un but plus élevé, un but qui porte plus haut, un but révolutionnaire.

Ainsi, la signature manuscrite il ne faut pas la demander, on ne la trouve pas dans ces cas-là; mais, quand on trouve en tête de la déclaration faite par la Commission des vingt-cinq, publiée le 11, le nom de l'accusé André; quand on retrouve dans ce nom l'homme actif, l'homme de l'organisation, l'homme de toutes les instructions du Comité électoral socialiste; quand on fait une descente chez lui et qu'on y découvre des pièces telles que ce serment sur lequel il a fait arriver l'autre jour une déposition que vous avez entendue, que vous apprécierez, mais qui n'empêche pas que la pièce n'ait été trouvée chez André, qu'elle n'ait été conservée par lui, qu'elle ne soit mêlée chez lui à toutes les pièces indiquant la part active de tous les jours et de tous les moments qu'il prenait à ce comité, pour lequel il avait loué lui-même le local : de tout cela il résulte un ensemble qui lie l'homme par des faits certains, qui le lie par des actes personnels, volontaires, et qui ne lui permettent plus de dire que sa signature a été surprise, a été usurpée dans une pièce qui le rattache au complot et qui le fait figurer dans tous les actes du complot.

Mais ici, que s'est-il passé? L'accusé André, qui a l'habitude des débats judiciaires, presse le ministère public de questions pour qu'on lui apporte les preuves de sa présence dans les réunions et au Conservatoire.

Oh! la discussion serait bien simplifiée si l'on apportait des preuves matérielles à cet égard. La preuve des procès, messieurs, il ne faut jamais l'admettre à la légère. Vous avez à la soumettre à un interrogatoire profond de votre conscience; mais il ne faut pas oublier non plus que vous avez votre latitude de conscience, et ce n'est pas une raison, parce qu'il manquera une preuve matérielle ou un témoin *de visu*, pour qu'un homme n'ait plus à discuter sa culpabilité, et que le ministère public doive s'immoler ici sans intelligence et déserter ses devoirs.

Il faut chercher: si vous trouvez des hésitations sur la culpabilité d'un de ces hommes, quel qu'il soit, acquittez-le. Là, il n'y a pas de doute à avoir; mais je n'ai pas besoin

de vous le recommander, dans les luttes que nous soutenons
dans ce moment, il faut avoir constamment devant soi le but
de la vérité; il faut savoir qu'elle est discutée pied à pied
dans cette enceinte ; qu'en matière politique, plus que dans
d'autres, on se donne carrière, et que tel homme qui
rougirait du moindre mensonge dans une autre situation,
c'est le malheur des temps et des hommes, quand il s'agit
de l'intérêt des partis, quand il s'agit, non plus seulement de
son intérêt personnel, mais d'un triomphe personnel dans
lequel il voit le triomphe du parti qu'il sert, que cet homme
s'abaisse jusqu'à un mensonge.

Nous le disons, parce que nous en avons eu la preuve dans
ce débat ; nous n'avons pas d'application à faire ; mais, en général, tout le monde le sent et le sait, on a plus d'une fois
contesté des faits démontrés, des faits sur lesquels il n'y
avait plus de discussion possible au point de vue de l'établissement des preuves, et sur lesquels la conscience des hommes qui sont ici, quels qu'ils soient, juges ou accusés, ne
peut pas éprouver le moindre doute.

Maintenant, l'accusé André ne rend pas compte de l'emploi de son temps, il n'a pas encore voulu le faire, du 11 au
13. Il a quitté son domicile le 11 ; cela a été constaté, établi,
par sa portière, que vous avez entendue : c'est un fait matériel ; nous n'avons pas à y revenir. Il dit à cela qu'il l'a
quitté le 11, lorsqu'il était recherché par la police. Il y a
deux réponses à faire à ceci : Les mandats décernés contre
les membres de la Commission des vingt-cinq ont été décernés le 12 ; le réquisitoire dirigé contre eux, avant l'attentat, à cause de la publication de la pièce insérée dans les
journaux du 11, le réquisitoire est du 12, et les mandats
n'ont été, c'est un fait constant, vérifié, délivrés qu'après le
réquisitoire. Mais l'accusé André vous a fourni lui-même la
vérification de ce fait, et ce ne sont point les mandats qui l'ont
fait partir. Il a quitté son domicile le 11 au soir, et c'est à
quatre heures du matin seulement, d'après la déclaration de
la portière, faite en présence de l'accusé, que les premières
recherches ont été faites à son domicile. Il avait devancé les
recherches de toute une nuit. Il dit qu'il avait été prévenu ;
où en est la preuve ? Ce qui est certain, c'est qu'il a quitté son
domicile immédiatement après la publication de l'adresse des
vingt-cinq. C'est qu'il était lié par cette adresse aux faits qui
se sont déroulés depuis, et qu'il n'a pas voulu encore donner
l'emploi de son temps pendant les journées du 12 et du 13
juin. Tout cela est grave, tout cela est très-sérieux, et nous
sommes obligé d'entrer dans tous ces détails, dont il n'est pas
un qui ne soit vérifié, pour deux raisons : parce que l'accusé André, c'est son droit, nous ne le lui reprochons pas,
discute habilement sa position, et en outre parce que l'accusé

André n'ayant pas comparu dans la procédure, l'instruction s'est faite en son absence. Non-seulement il a quitté son domicile le 11, mais il n'y a pas reparu, excepté le jour où il a été arrêté ; et il a été arrêté le 14 septembre, quelque temps avant l'ouverture du procès.

Eh bien, voilà un homme jouant le rôle que vous connaissez dans l'organisation, un homme qui figure au premier chef dans le procès, un homme que des pièces intelligentes, que des pièces actives, vives, pressantes, compromettent par sa signature à chaque instant ; un homme qui signe des instructions électorales où l'on dit, par exemple : « Surveillez toutes les réunions bonapartistes et royalistes ; » c'est là encore une des recommandations de ce comité qui se prétend purement électoral ; voilà cet homme, prenant tous les jours une part si active et dont la signature figure sur les pièces qui lient le comité démocratique socialiste au complot, le voilà qui disparaît le 11 au soir !

Nous avons la preuve de réunions, de conciliabules tenus le 11 et le 12 ; on ne l'y voit pas ; mais vous savez ce qu'a dit le témoin Toussenel interpellé là-dessus : « Il y avait tant de monde, que bien des personnes ont pu y être sans que je les ai vues. » Il y a quelque chose de bien simple pour un homme accusé d'avoir été à un endroit, c'est de donner l'emploi de son temps. L'accusé André ne peut pas le faire, ou il n'a pas voulu le faire jusqu'ici. Il le présentera dans sa défense ; ce sera à vous d'apprécier le moment où il fera cette justification, et, ce qui est plus sérieux, car il n'est jamais trop tard pour la vérité, le caractère des faits par lesquels il prétendra la faire.

Il vous a fait établir l'autre jour, par Lalanne, qu'il avait été le 11 au soir, en quittant son domicile, d'où il est obligé de reconnaître qu'il est parti, qu'il avait été coucher hôtel de Lisbonne, rue de Vaugirard, n° 4. Nous avons fait faire des recherches à cet égard. La première recherche faite ces jours-ci constate que le livre de la personne qui tient cet hôtel ne comporte rien qui s'applique à l'accusé André ; cela pourrait n'avoir pas une grande importance ; mais on entend le maître d'hôtel. Voilà le procès-verbal dressé par le commissaire de police Nusse. Le maître d'hôtel déclare que c'est la première fois qu'il entend parler de l'accusé André ; qu'il ne l'a jamais vu dans son hôtel, qu'il n'a aucune preuve de sa présence dans les journées qui ont été indiquées. On appelle M. Lalanne. Alors il dit ceci : M. André est venu chez moi le 12 juin, à onze heures et demie du soir.

Le maître d'hôtel a pu, effectivement, ne pas constater la venue d'André pour un jour ; mais ce qui est plus étonnant, c'est que personne dans l'hôtel, excepté M. Lalanne, ne sache que l'accusé André s'y soit présenté. C'est un fait que nous livrons à votre appréciation, en regard de ceux qui ont été présentés ; nous n'affirmons rien, nous vous livrons l'enquête, nous vous livrons son résultat; il n'y a absolument que M. Lalanne dans l'hôtel qui ait eu connaissance de ce fait.

Au surplus, en admettant le fait, André est arrivé là le 12 au soir, il y est resté jusqu'à dix heures du matin, le 13. A partir de ce moment, on ne sait pas quel est l'emploi de son temps.

Aucun obstacle à ce qu'il ait pris part, comme les autres membres de la Commission des vingt-cinq, aux événements qui se sont accomplis dans la journée.

Voilà, messieurs, la situation de l'accusé André ; la voilà complète avec ce qui est connu, avec ce qui est certain, avec ce qui l'engage dans le complot, avec une signature, sur laquelle il ne peut établir d'équivoque, au bas d'une pièce qui n'est que le résultat de tout ce qui se préparait dans le comité qu'il dirigeait, dans la commission des vingt-cinq qu'il dirigeait.

Admettrez-vous maintenant qu'à l'instant où cet acte si grave l'engageait dans tous ces faits, il se fût tenu simplement en arrêt et eût abandonné le reste de la partie, les conséquences à venir, disons-le, les espérances à venir pour ceux qui tentaient le mouvement, et que d'homme actif et dirigeant qu'il était il soit devenu tout de suite homme indifférent, insouciant ; qu'il se soit purement et simplement retiré ?

Ce qu'il y a de certain, c'est qu'il a fui devant la justice à ce moment, c'est qu'il n'a été arrêté que le 14 septembre.

Vous aurez maintenant à apprécier les faits qui viennent d'être signalés, les explications qu'il a données, celles qu'il donnera encore, que vous écouterez avec l'attention qui appartient à la défense et à l'accusation, et vous prononcerez.

Après André vient l'accusé Dufélix.

L'accusé Dufélix partage, avec les autres membres de la Commission des vingt-cinq, le fait d'avoir son nom apposé au bas de la pièce publiée dans les journaux du 11 juin.

Il a de plus des antécédents personnels que nous ne pouvons passer sous silence.

Il a été arrêté et poursuivi à l'occasion des événements de juin, à l'occasion de l'insurrection de 1848. Il a été acquitté, ou du moins il a été mis en liberté, après une détention préventive de plus d'un mois.

Voilà le fait tel qu'il est, avec la fin qu'il a eue; c'est à vous à l'apprécier. Ce n'est pas là la position de Dufélix. La position de Dufélix, dans le procès, indépendamment de sa qualité de membre de la Commission des vingt-cinq et de l'acte qui l'engage, c'est une position active, c'est la position d'un soldat de l'insurrection, mêlé, ce jour-là, aux tentatives les plus énergiques et les plus audacieuses.

Vous vous rappelez l'ensemble des faits généraux relatifs au Conservatoire. Vous savez comment la colonne partit du Palais-National, où elle arrivait de la rue du Hasard. Vous savez comment elle est entrée. Très-peu d'instants après s'avançaient dans la rue Bourg-l'Abbé un grand nombre d'hommes, pour nous servir des expressions maintenues par trois témoins, qui formaient ce que ces témoins appelaient une bande. C'était le moment où l'on allait tenter ces désarmements que vous connaissez, et qui se sont élevés dans le quartier jusqu'à cent soixante-dix en deux heures dans la même légion; ce groupe s'avançait dans la rue, précédé de trois hommes armés; l'un de ces hommes était Dufélix, il a été reconnu à l'audience, il l'a avoué lui-même, il n'y a pas à équivoquer sur son identité.

Il avait, les témoins vous l'ont dit, il avait une carte du Comité démocratique socialiste à son chapeau. Vous avez entendu encore le capitaine Ourbach vous rappeler ce détail ; il a reconnu, non pas la carte, car elle n'a pas été saisie, mais une carte semblable qui lui a été présentée, une carte triangulaire. Ce fait n'est pas isolé, il se rapproche des faits que vous avez entendu déclarer par les témoins qui ont établi que, dans la cour du Conservatoire, un assez grand nombre d'hommes, qui n'étaient pas des artilleurs, avaient à leur chapeau des cartes qui n'étaient autre chose qu'un signe de ralliement, un signe officiel de la présence de la Commission des vingt-cinq et de la société des Droits de l'homme.

Quant à Dufélix, il dirigeait ce groupe, il avait sa carte, il était dans la rue Bourg-l'Abbé. Qu'est-ce que la rue Bourg-l'Abbé ? C'est là qu'est le dépôt, le magasin de Lepage ; vous avez entendu les détails très-vrais qu'a donnés le lieutenant Hemmerlé sur les faits relatifs à Lepage. C'est vrai que, dans les insurrections qui se sont quelquefois manifestées dans ces rues-là, la maison Lepage a été un point de mire. C'est un des postes qu'on sent le besoin de fortifier. Aussi le groupe qui s'avançait fait-il entendre ce cri : *Chez Lepage ! chez Lepage!* Vous avez eu ici comme témoins le lieutenant Hemmerlé, le grenadier Cropet, le capitaine Ourbach, le sieur Schnetz; les cris ont été entendus au moins par trois de ces témoins. Le magasin de Lepage était donc menacé. Cela est évident, les cris l'annonçaient.

Le groupe culbute effectivement les premiers factionnaires ; et il y a une chose qu'il faut rappeler, et qui explique d'apparentes contradictions qu'on cherche à faire valoir: il y avait dans la rue du Petit-Hurleur, qui joint la rue Bourg-l'Abbé, qui lui fait encoignure, un poste de gardes nationaux qui n'a pas eu l'énergie que d'autres postes de la 6ᵉ légion ont eue ; il a laissé passer le groupe.

Eh bien, une fois arrivé en vue de Lepage, il se passe une scène sur laquelle vous aurez à reporter vos souvenirs, scène grave, scène vive, dans laquelle le lieutenant Hemmerlé a porté un coup à Dufélix, en état de légitime défense ; il avait à défendre un poste qui lui avait été confié ; il voit arriver un groupe dans un état factieux qui ne peut pas être un instant contesté et qui crie qu'il se rend chez Lepage ; trois individus au moins sont armés, ce sont ceux qui arrivent jusque chez Lepage.

Il y a ici une petite différence qui s'explique parfaitement.

Le témoin Hemmerlé a toujours dit, ce qui prouve bien qu'il n'a pas envie d'exagérer et qu'il ne dénature pas les faits, il a toujours dit qu'il n'y avait que trois hommes armés. Le grenadier Cropet, qui dit qu'il y en avait quinze, a déclaré nettement qu'il était au coin de la rue du Petit-Hurleur, et qu'au premier moment où on a vu l'attitude du poste de Lepage, la queue du groupe s'est sauvée par la rue du Petit-Hurleur, et notamment les hommes armés ; il a ajouté que ceux-là seuls qui étaient au coin de la rue du Petit-Hurleur ont pu les voir ; et que ceux qui étaient au nº 22 de la rue Bourg-l'Abbé, le lieutenant Hemmerlé et les autres, n'ont pu voir complétement cette extrémité de la bande.

Il résulte de là qu'il n'y a aucune contradiction entre ces deux dépositions, et qu'il est, au contraire, démontré que le lieutenant Hemmerlé a si peu voulu exagérer les faits et le danger qu'il a couru, que c'est lui qui a dit dans l'instruction et qui a répété ici qu'il n'avait vu que trois hommes armés.

Eh bien, le grenadier Cropet vous a fait hier une distinction très-juste, très-sensible, qui prouve que tous les deux ont dit la vérité, et que l'un avait vu une partie du groupe armé que l'autre n'avait pu voir.

Mais, au surplus, ce qu'il est essentiel d'apprécier, c'est l'attitude des trois hommes armés à la tête du groupe et qui étaient là comme chefs, évidemment. L'accusé Dufélix reconnaît lui-même qu'il criait ; il vous dit les cris qu'il poussait, c'est : *Vive la constitution ! vive la République !* Mais nous savons que ce jour-là beaucoup d'hommes qui ne veulent pas de la constitution, tout en ayant l'air de la vouloir, qui veulent la défendre contre ceux qui, en définitive, la défendent, criaient : *Vive la constitution ! vive la République !* et que c'est à ces cris que, sur les boulevards, dans la manifestation et partout, se donnait le mot d'ordre.

L'accusé Dufélix avoue lui-même qu'il avait une carte à son chapeau, qu'il se présenta dans cette rue avec un fusil, qu'il était escorté de deux autres hommes qui avaient des fusils, qu'ils poussaient à ce moment les cris qui étaient le signe de ralliement, partout, les cris de : *Vive la constitution! vive la République!* Il est obligé de laisser dire devant lui, par les témoins, qu'il avait forcé les premiers factionnaires ; il est arrivé devant le poste ; là on se trouve en présence, et c'est alors que s'engage une lutte sur laquelle, en vérité, il ne peut rester aucun doute ; cette lutte pendant laquelle Hemmerlé n'a fait que se défendre, pendant laquelle le grenadier Cropet, venant au secours (c'est le mot dont il se sert) de M. Hemmerlé, a entendu partir son fusil ; dans le moment où la lutte existait, il nous l'a expliqué encore parfaitement avant-hier ; tous ces faits sont simultanés. Le capitaine Ourbach, après le coup porté, quand il a vu que le lieutenant Hemmerlé pouvait encore être exposé et continuer cette lutte qu'il voulait arrêter à tout prix, a pris, lui capitaine Ourbach, et non pas le témoin Pracquin, le fusil que tenait Hemmerlé ; puis il a fait donner quelques soins à l'homme blessé.

Mais, enfin, que résulte-t-il de tout cela? Qu'il y avait une agression très-positive et très-vive contre la porte de Lepage ; qu'on s'est présenté à l'état de groupe au moment où la colonne venait d'entrer au Conservatoire ; qu'on s'est présenté pour désarmer ; qu'on a crié : Chez Lepage ! Cela voulait dire : Allons chercher des armes chez Lepage. Est-ce qu'il n'est pas vrai qu'à ce moment, sur le boulevard, on se portait chez M. Devisme ; dans la rue de Cléry, chez M. Blanchard ; dans la rue Jocquelet et sur le boulevard Saint-Martin chez d'autres armuriers ? est-ce que ce n'était pas un mot d'ordre de prendre les armes chez les gardes nationaux et chez tous ceux qui pouvaient en avoir?

On se présentait armé, on forçait les premiers factionnaires, on attaquait le poste, on voulait désarmer les hommes, et vous avez à cet égard une preuve que donnait lui-même le témoin qui voulait contredire une portion de la déposition de M. Hemmerlé ; il vous disait qu'Hemmerlé avait répondu très-vivement : « Mais il a voulu me donner un coup de sa baïonnette dans le ventre. »

Eh bien, Hemmerlé a répété ce qu'il avait déjà dit à une première audience, qu'il n'était pas certain que le fusil de Dufélix eût une baïonnette, mais qu'il était certain que l'accusé s'était présenté à lui le menaçant de son fusil avec ou sans baïonnette, et qu'il avait voulu se jeter sur lui ; le témoin Cropet a ajouté qu'à ce moment on avait crié : *Fonçons !* chez Lepage ! Vous aviez apprécié tous ces détails, l'attitude de ces hommes, le langage des témoins qui ont été rappelés ; nous avons fait tout ce qu'il fallait et peut-être plus que nous ne devions faire; nous avons rappelé des témoins qui avaient déposé, qui n'étaient pas seuls et dont les dépositions avaient été confirmées par d'autres. On a consenti à les rappeler pour leur faire subir les confrontations et les contradictions que Dufélix n'avait pas élevées quand ils étaient là.

On a réduit, nous pouvons le dire, ces honorables officiers, ces hommes de bien qui défendent l'ordre, qui le défendent au péril de leur vie, qui le défendent sans être habitués à ce rôle de soldats qu'on les force de remplir dans nos malheureuses dissensions civiles; on les a réduits à la nécessité d'établir ici qu'ils n'étaient pas de faux témoins : tout cela appartient à la vérité; il faut creuser à fond cette situation, il faut en faire sortir le respect dû au caractère des témoins. Quand des faits ont été expliqués comme ils l'ont été dans les dépositions des témoins Hemmerlé, Cropet, Ourbach, Schnetz, il faut savoir comprendre la situation.

Il faut dire que ces hommes ont fait leur devoir; qu'ils se sont bien conduits; qu'il y a des nécessités fatales, funestes: lorsqu'on est chef de poste, il faut cependant défendre son poste contre ceux qui l'attaquent ; il y a là une grave responsabilité pour celui qui est dépositaire d'une force publique qui défend les lois et qui sert de protection au pays.

Il faut cependant rétablir les principes, il ne faut pas les laisser tous les jours fouler aux pieds; il faut que la force publique qui est commandée, qui a le devoir de soutenir les lois qui lui sont confiées, il faut qu'elle soit respectée; et quand elle est attaquée à main armée, quand elle se voit au moment d'être en péril, il faut qu'elle obéisse à la mission qu'elle reçoit de se défendre et de défendre ce qu'elle couvre de sa protection, de son esprit du devoir.

Il faut faire ressortir ce fait, non-seulement parce qu'il établit la culpabilité de Dufélix, qui n'est pas contestable, mais parce qu'il établit une grande moralité pour le procès, parce qu'il relève les témoins qu'on met ici dans une situation difficile, inacceptable, en vérité. Il faut songer à cette situation qu'on fait aux hommes de la garde nationale, il faut songer qu'ils sont obligés de se défendre au péril de leur vie; et quand la justice a procédé lentement, quand elle a fait son examen, quand tout ce qu'il était possible de recueillir comme preuve a été cherché soigneusement, consciencieusement, ils arrivent ici, on les discute pied à pied, non pas toujours avec modération, non pas toujours avec mesure : ils sont placés dans la situation de faux témoins, ils reçoivent des démentis audacieux et quelquefois insultants. Eh, mon Dieu ! quel rôle fait-on donc aux défenseurs de l'ordre! Veut-on les décourager? Eh bien, non, ils ne se décourageront pas, et, d'ailleurs, ils trouveront dans ceux qui ont à dire le grand mot du procès, dans ceux dont la conscience, au milieu du calme qui présidera à leurs délibérations, aura à peser tous les éléments de ces débats, ils trouveront la justice, la protection qu'il auront attendues; ils reprendront l'espoir de meilleurs jours et surtout la ferme résolution de ne jamais faillir aux devoirs qui pourront encore leur être confiés.

Nous passons à l'accusé Lebon. Lebon vous rappelle ici lui-même un détail qui était énoncé dans l'acte d'accusation et qui est vrai; il a été poursuivi plusieurs fois, toujours pour complot ou faits de cette nature; il a été condamné deux fois; il était, à l'époque de la révolution de 1848, de ceux qui ont dû à cette révolution leur liberté. Peut-être, si on avait à cet égard le droit de faire quelques réflexions, pourrait-on dire à l'accusé Lebon que, après avoir reconquis sa liberté par la République, qu'il disait avoir hâtée de ses vœux et de ses actes, le moment était venu pour lui d'en faire un usage profitable à la cause de la République. Dès le principe, Lebon figure dans le comité central de la société des Droits de l'homme; il a signé, avec le président de ce comité, une affiche trop notoire pour que je vous en cite le texte aujourd'hui, et que je rappelle seulement à vos souvenirs. Elle avait paru sur tous les murs de Paris; dans cette déclaration on divisait la société en *privilégiés* et en *parias*; on promettait aux premiers, d'abord le *pardon*, et plus tard ce qu'on appelle la *justice*.

Voilà l'attitude que Lebon avait prise dès le début: aujourd'hui il n'est pas de la commission des vingt-cinq, mais il était du *Comité démocratique socialiste*, et il nous reste à rechercher les actes qui le lient, soit au complot, soit à l'attentat.

Ancien membre de la société des Droits de l'homme, membre du Comité démocratique socialiste, homme d'action partout et toujours, il a pris sa part des actes du 13 juin; il a été vu au Conservatoire par le témoin Grégoire, qui l'avait affirmé dans l'instruction, et qui l'a répété ici très-nettement. Nous n'avons pas à nous arrêter aux débats assez irritants que les témoignages de Grégoire ont soulevés ici plusieurs fois; nous n'avons qu'une chose fort simple à dire en prononçant son nom, c'est que le fait très-significatif dont il a déposé contre Lebon a été avoué par l'accusé à l'audience pour la première fois. Nous disons pour la première fois, parce que dans l'instruction il a toujours répondu: « Lorsqu'on me présentera des témoins, je verrai ce que j'aurai à dire. Il avait fait plus : en opposition avec le témoignage de Grégoire, il avait produit un certificat du docteur Berrier Lafontaine, dont je dois vous donner lecture :

« Je soussigné, docteur en médecine de la faculté de Paris, atteste avoir donné des soins à M. *Napoléon Lebon* pour une maladie grave du genou, consistant en une inflammation des surfaces articulaires avec hydarthrose.

« Cette maladie s'est déclarée à la suite d'une longue traversée en mer, a forcé le malade à rester au lit dès les premiers jours de janvier dernier ; elle l'y a retenu jusque vers le 15 mai. J'affirme qu'il serait encore aujourd'hui très-imprudent de la part du malade de marcher sans être soutenu par des béquilles.

« Cette maladie peut devenir très-grave, produire la dégénérescence de l'articulation, ou se terminer par ankylose.

« Paris, le 2 juillet 1849.

« *Signé :* Dr BERRIER-LAFONTAINE. »

L'accusé Lebon refusait de s'expliquer devant le juge d'instruction sur sa présence au Conservatoire. Il produisait un certificat qui déclarait que, même le 2 juillet, il lui était impossible de marcher sans deux béquilles. C'était à peu près nier sa présence au Conservatoire. Aujourd'hui, il est établi qu'il y est allé sans béquilles, et la production de ce certificat n'a pas eu le résultat sur lequel il comptait. Le docteur Tardieu a d'ailleurs déclaré que l'accusé Lebon était en état de marcher ; que, sans pouvoir faire une course par trop longue, il avait très-bien pu se rendre, le 13 juin, au Conservatoire.

Il est établi maintenant que Lebon, ancien membre de la société des Droits de l'homme, société dont les sections, vous le savez, ont joué un rôle au Conservatoire ; que Lebon, membre du Comité démocratique socialiste, a été aux Arts et métiers, et qu'il y est entré. C'est à vous de vous demander si sa présence, certaine, démontrée, dans ce centre où se sont passés les faits que vous connaissez, ne le lie pas nécessairement aux actes qui constituent l'attentat et qui supposent la participation au complot. Quant à l'accusation, elle n'en peut pas douter ; tout ce qu'elle avait à faire, c'était de chercher si sa présence était établie. Vous savez d'ailleurs que le Comité socialiste a pris aussi une part active aux faits du Conservatoire ; que les cartes de ses membres figuraient sur les chapeaux de plusieurs d'entre eux ; qu'en un mot ils ont fait ou plutôt tenté autour du Conservatoire la défense la plus énergique.

C'est un verdict de culpabilité que l'accusation vous demande contre l'accusé Lebon.

Les quatre accusés dont nous venons de vous présenter la position sont accusés de complot et d'attentat tout à la fois.

Trois d'entre eux étaient de la commission des vingt-cinq. Lebon faisait partie du Comité démocratique socialiste. Il en reste deux maintenant qui ne sont accusés devant vous que de complot. Ces deux accusés, qui faisaient partie de la commission des vingt-cinq, sont Maillard et Baune.

La position de Maillard vous est connue par les débats. Cet accusé est un de ceux qui n'avaient pas comparu pendant l'instruction, et qui s'étaient dérobés aux recherches de la justice. Il s'est constitué prisonnier la veille des débats.

Maillard est un ancien employé des postes, qui a quitté cette administration pour des causes que nous ne connaissons pas ; il a signé l'adresse des vingt-cinq, publiée le 11 juin, et, de plus, on a trouvé chez lui le manuscrit de cette pièce. Nous ne disons pas que ce manuscrit soit de son écriture ; nous avons déjà dit, et nous répétons, qu'il y a quelque probabilité qu'il est de la main de l'accusé Pardigon. Quoi qu'il en soit, cette pièce a été saisie en la possession de Maillard ; il vous a dit lui-même qu'il l'avait signée, et qu'elle avait été délibérée et arrêtée dans le local habituel de la commission, le 10, ce jour que Songeon, dans sa lettre, place toujours comme première date de ce qu'il appelle les 10-13 juin. Il a participé à la délibération ; tout s'est fait en sa présence ; sa signature est au bas de la pièce publiée. Voilà sa situation quant à cette adresse, qui est l'une des pièces constitutives de l'accusation.

Il y a une autre situation qui a pris aux débats de l'importance, non-seulement pour lui, mais pour le Comité des vingt-cinq.

C'est Maillard qui a fait louer, le 9, la salle du manége Pellier, et Buland, le délégué du 5ᵉ arrondissement, lui en donne avis par une lettre qui a été saisie chez l'accusé.

Si donc l'accusé Maillard a déclaré ici ce fait, tout en prenant tout ce qu'il vous appartient de prendre dans cette déclaration de sa part, il ne faut pas cependant considérer cela comme un aveu spontané et qu'il aurait pu retenir. Cet aveu était provoqué par la lettre de Buland, saisie chez l'accusé ; il était annoncé, dans les pièces du procès, que cette saisie avait eu lieu. Maillard était nécessairement appelé à s'expliquer sur ce point.

La démarche reste donc ; il a loué le manége, qui a servi, vous le savez, à l'organisation de la manifestation. Il dit que c'est pour une élection préparatoire. Nous ne revenons pas sur ce que nous avons dit à cet égard, mais nous vous rappelons la conclusion de l'accusation dans cette discussion. La conclusion, c'est que le manége Pellier n'a été loué qu'une seule fois, et pour deux choses : pour un but sérieux qu'on ne dit pas, et pour un prétexte qu'on met en avant.

La réunion préparatoire pour l'élection d'un colonel, c'était le préxtexte ; le but sérieux, c'était la manifestation. C'est l'accusé Maillard qui a fait louer la salle ; on s'y est réuni, et c'est sous la présidence de Schmitz que s'est tenue la séance pour l'organisation de la manifestation, avec le caractère, l'origine et le but que nous rappelions hier, et que nous pensons avoir établis dans vos esprits.

Ainsi, ce n'est pas seulement la signature de l'adresse, ce n'est pas seulement le manuscrit trouvé chez lui qui accusent Maillard et qui l'introduisent dans le procès ; c'est un des actes les plus significatifs, les plus organisateurs de la journée du 13. C'est un lien avec l'origine de la manifestation, c'est un lien avec ces prétendus délégués, qui, comme l'a dit le colonel Duthy, n'avaient pas mission de représenter la 5ᵉ légion, et qui cependant, en son nom, avec des chefs de clubs, organisaient une manifestation au nom d'une fraction, d'une très-petite fraction de la population parisienne, qui n'est elle-même qu'une fraction de la population de la France.

Cette manifestation, vous le savez, prétendait protester, au nom d'une violation de la constitution, contre les décisions de la majorité de l'Assemblée, et manquait ainsi elle-même ouvertement à la prescription de l'art. 1ᵉʳ de la constitution.

Ainsi, messieurs, ces deux faits sont à retenir et à retenir solidement dans vos esprits ; c'est une double et active participation aux actes du complot : participation à la délibération et à la signature, participation à l'organisation des actes d'exécution manifestes et extérieurs, c'est-à-dire à la manifestation.

Voilà la situation de Maillard. Nous n'avons pas autre chose à ajouter. Il nous suffit de recommander à vos souvenirs les éléments de cette démonstration et la décision ferme qu'elle nous paraît indiquer à vos esprits.

La position de Baune se réduit à ce qui suit : il a présidé le club du salon Ragache, et, le 2 juin, il y prononçait des paroles que nous rappelions hier encore en les citant d'après le procès-verbal, paroles qui semblaient la conclusion exacte des faits préliminaires que nous vous exposions : « Le peuple ne doit plus s'ébranler que comme un seul homme ; ses chefs sont dans le Comité démocratique socialiste, dans la presse et dans la Montagne. » Ce sont précisément les trois principales catégories qui devaient réaliser les faits devenus aujourd'hui faits de complot et d'attentat.

Baune a signé l'adresse. Rien n'explique mieux la présence de sa signature au bas de cette pièce que les paroles que le 2 juin, quelques jours auparavant, il tenait dans le club. Le 11 au soir, il est allé rue du Hasard ; selon lui, il y est allé avant la conférence qui a eu lieu avec les envoyés de la rue Coq-Héron ; Baune a en effet toujours protesté qu'il avait été rue du Hasard avant d'aller rue Coq-Héron. Quant à des faits précis, à des témoignages à cette audience sur l'heure à laquelle il s'est rendu rue du Hasard, nous n'avons rien de concluant. Il y est allé dans cette soirée où l'on devait avoir une conférence avec les membres du Comité de la presse et du Comité socialiste; il y est allé une demi-heure, une heure peut-être avant ; nous l'accordons. Qu'y allait-il faire dans ce moment ? Allait-il demander si la conférence serait admise, lui, membre de la commission des vingt-cinq ? Y a-t-il un lien bien difficile à saisir entre sa présence et la présence de ceux qui, une heure après, vont apporter une déclaration qui précisément paraît dans les journaux, revêtue de la mention du Comité de la presse et du Comité démocratique ? Car, enfin, si nous cherchons à apprécier les faits de cette soirée par les actes extérieurs que nous connaissons, nous trouvons que Baune précède de quelques instants la conférence, et nous voyons aussi que, le lendemain matin, paraissent successivement la déclaration de la Montagne et celle des comités, deux pièces qui ne peuvent pas ne pas être concertées, qui forment un ensemble qu'on ne peut séparer; il n'est donc pas permis de croire que Baune se soit ainsi présenté à la réunion de la rue du Hasard sans soupçonner que quelques-uns des membres de la réunion dont il fait partie dussent plus tard y avoir une conférence. Tout cela n'est pas possible, n'est pas admissible. Ce qui est certain, ce qui reste, c'est qu'il est allé un peu plus tôt dans la rue du Hasard, c'est qu'il avait signé l'adresse des vingt-cinq, c'est qu'enfin il est allé, lui-même le déclare, le soir, au bureau du *Peuple*. Il dit que ce n'est qu'après avoir été rue du Hasard ; mais il ne s'en trouve pas moins le même soir dans les deux lieux où se tiennent les réunions annoncées le matin, réunions d'où sortent les publications du lendemain.

Il a été arrêté le 13 au matin, dans son domicile, par suite des mandats décernés le 12 contre les membres de la Commission des vingt-cinq ; nous n'avons donc pas à discuter les faits d'attentat qui ne sauraient le concerner, puisqu'il était arrêté le matin ; ils ne sont pas d'ailleurs relevés dans l'arrêt d'accusation.

Reste la catégorie de la presse.

La catégorie de la presse comprend ici, comme vous le savez, les accusés Langlois, Allyre Bureau, membres du Comité de la presse, et l'accusé Paya,

L'accusé Langlois a été arrêté, le 13 au soir, dans les bureaux du *Peuple*. Il est rédacteur de ce journal; il n'en est pas qualifié le rédacteur en chef, mais il avait dans les bureaux du *Peuple* une situation particulière qu'il faut que nous vous expliquions immédiatement.

Parmi les pièces saisies chez lui, on a trouvé une note

qui indique la répartition de la rédaction, et, selon cette note, il était chargé notamment des séances de l'Assemblée et de la polémique quotidienne , ce qui est d'une grave importance dans un journal.

Il avait une autre importance qui résultait de la situation, et qui le constituait, au moment du 13 juin, le véritable représentant du journal *le Peuple.*

Le gérant Duchêne avait été arrêté, et le représentant Proudhon, qui avait été à peu près le rédacteur en chef du *Peuple,* était également arrêté. L'un avait été arrêté le 12 mai, l'autre le 5 juin, pour des peines prononcées sur la déclaration du jury de la Seine, en matière de presse. Ainsi Langlois, en ce moment-là, non-seulement par l'importance qu'il avait même auparavant, mais par la situation nouvelle que venait de lui faire l'absence du rédacteur en chef et du gérant, était le représentant actif et intelligent du journal *le Peuple.* Il n'y avait pas de doute à ce sujet. Il avait une autre qualité, un autre titre qui le lie au procès : il était membre du Comité de la presse. Il ne l'a pas nié, il l'a reconnu, et il y a des pièces qui établissent non-seulement son titre, à lui, mais l'exécution effective qu'il a, dans diverses circonstances, donnée à ce titre. Vous vous rappelez qu'à cette séance de fusion du 26 février 1849, à propos du conseil central et du congrès, c'est lui qui se présente comme délégué de la presse. C'est lui qui vient insister sur la nécessité de la fusion pour constituer ce qu'il appelle l'unité du parti. C'est lui qui explique la mission du Comité de la presse, et c'est pour la première fois que nous trouvons nettement formulée la mission de ce comité. C'est Langlois qui l'explique et la formule dans cette séance dont nous avons lu hier le procès-verbal.

Voici donc sa position au procès bien établie : rédacteur du journal *le Peuple,* l'un des journaux qui ont publié les pièces qui ont amené la saisie et la suspension du journal; rédacteur important, rédacteur ayant alors la haute main dans la direction du journal *le Peuple,* par suite de l'absence des deux hommes que je rappelais tout à l'heure, membre influent, actif, du Comité de la presse; envoyé dans les grandes occasions, précisément quand il s'agit d'une fusion, de formuler les principes du parti; quand il s'agit d'opérer des conciliations de partis, ce qui est toujours quelque chose de grave et de délicat.

Quant à sa participation aux actes qui vous sont maintenant connus, voici en quoi elle se résume : Le 11 au matin il était à la réunion de *la Démocratie pacifique*; vous vous rappelez les détails que nous rassemblions hier devant vous, en les prenant dans les débats et dans les dépositions de témoins, non-seulement sur ce qui s'était passé à cette réunion, mais sur les résolutions diverses qui y avaient été prises; nous vous rappelions comment elles avaient été formulées et quelle avait été l'opinion de M. de Girardin. Nous vous en avons rapporté les termes textuels. L'accusé Langlois déclare qu'il a soutenu exactement l'opinion de M. de Girardin à la réunion du 11 au matin. Cette opinion consistait, nous le savons, en ce que la minorité se déclarât la seule représentation nationale, et plaçât la majorité, on ne veut pas dire hors la loi, mais on dit : hors la constitution. Cela se ressemble beaucoup, la constitution étant la première des lois du pays. Quoi qu'il en soit, voilà la situation que prend Langlois à la réunion du 11, où il reconnaît avoir assisté. Quant à la réunion du 11 au soir dans les bureaux du *Peuple*, dont il était rédacteur, il a nié dans un premier interrogatoire qu'elle ait eu lieu ; il avait par conséquent nié sa présence, ne reconnaissant pas l'existence de la réunion. Dans un autre interrogatoire, interpellé de nouveau sur ce fait, il répond que la réunion a eu lieu; qu'il y était ; que c'est faute de mémoire, ce sont ses propres expressions, s'il n'en a pas parlé la première fois.

Il est de ceux qui ont été, après les pourparlers que vous connaissez, rue du Hasard, pour tâcher d'entrer en conférence avec la Montagne ; il est des trente ou quarante personnes qui y ont été ; mais il n'a pas été un des cinq rédacteurs de journaux qui ont été choisis, et il est revenu sans avoir, à ce qu'il dit, conféré avec la Montagne.

Nous n'avons pas à contester cette déclaration ; il a été rue du Hasard ; il s'y est rendu avec ceux dont les délégués ont été admis à une conférence ; il est revenu. Nous ne savons pas à quel moment il est rentré aux bureaux du *Peuple*. Le 12, il était à *la Démocratie pacifique*, dans la journée, prouvant, par ses actes, la part active qu'il occupait dans le Comité de la presse. Il était là, à cette espèce de permanence établie dans les bureaux de *la Démocratie pacifique*, en correspondance avec ceux du *Peuple* ; il rédigea de sa main une note qui indiquait aux représentants de la minorité la conduite qu'ils avaient à tenir, et qui leur donnait, au nom du Comité de la presse, l'avis formel de ne pas quitter le palais de l'Assemblée.

Vous avez sur ce point, non-seulement la déclaration de l'accusé, mais la déclaration des témoins qui ont rappelé le fait.

Vous savez que c'est le témoin Chatard et l'accusé Ribeyrolles, l'un des accusés absents, qui ont porté avec Langlois cette note écrite de sa main, et qui a été remise à M. Baudin, représentant.

Le 12 au soir, Langlois se trouve à la réunion, sur les caractères généraux de laquelle je n'ai pas à revenir, à la réunion dans laquelle se sont formulées les dernières et les plus décisives résolutions du complot.

Ainsi Langlois a pris part à toutes les réunions; et ce n'est pas une part silencieuse, une part inactive; ce ne peut pas être une part inintelligente; c'est une part de rédacteur important dans l'un des journaux les plus importants du Comité démocratique socialiste.

Le journal, bien entendu, le lendemain, insère toutes les pièces. Il a inséré, le 11, l'adresse du Comité des vingt-cinq; il a inséré, le 11, une première lettre des gardes nationaux de la 5ᵉ légion à leur colonel, lettre que je vous lisais hier; il a inséré, le 12, la déclaration de la Montagne, la déclaration des Comités, et toutes les pièces sur lesquelles j'ai appelé votre attention; le 13, il a inséré l'appel au peuple, la déclaration des Comités, toutes les pièces qui paraissent simultanément dans *la Démocratie*, dans *la Vraie République*, dans *la Révolution démocratique et sociale*, et dans deux autres journaux.

En ce qui concerne ces insertions, le moment est venu pour nous de nous expliquer en quelques mots sur la part qu'elles impliquent à l'égard de ceux qui les ont faites ou commandées.

En thèse ordinaire, et c'est un principe qui sera peut-être rappelé ici, on dit que le responsable des délits de la presse périodique, c'est le gérant. Quand il s'agit des délits de la presse proprement dite, cela est parfaitement juste, ce qui n'exclut pas, toutefois, la responsabilité de l'auteur quand il y a lieu.

Mais nous répétons ce que nous avons dit hier : les journaux qui contiennent les publications des 12 et 13 juin ont été saisis; ils ont été l'objet de poursuites contre les gérants relativement aux délits de publication; ce sont des poursuites réservées sur lesquelles nous n'avons pas à nous expliquer; mais ici il ne s'agit pas des délits qui résultent, en matière de presse, du fait de la publication, et il ne vous sera pas posé à cet égard de question relative à ces délits.

Ces articles figurent ici comme la révélation et la preuve d'un concert dont ils sont le résultat; ils sont l'acte extérieur, l'expression vivante des résolutions en vue desquelles ils ont été délibérés, arrêtés, concertés. Les uns, tels que ceux du 11 et du 12, sont eux-mêmes au nombre des éléments constitutifs du complot; ceux du 13, sans contestation possible, sont les premiers actes d'exécution du complot, car alors on appelle le peuple, la garde nationale à l'exécution de ce qui deviendra plus tard l'attentat.

Vous comprenez qu'il n'est pas un gérant ordinaire de journal qui se permît d'insérer des actes d'une pareille nature, des actes concertés entre six journaux, dans de telles

circonstances, sans l'ordre et la direction de celui qui, en définitive, a pris part à la délibération de ces actes ou en accepte la responsabilité ; c'est là que l'influence du membre
du Comité de la presse apparaît ; vous le voyez, par la force
des choses, prendre le pas et la supériorité sur le journa-
liste.

C'est comme membre du Comité de la presse, c'est comme
ayant assisté aux réunions, comme ayant délibéré sur ces
déclarations concertées, comme ayant pris part à leur discussion, à leur rédaction, c'est comme ayant dirigé lui-même,
dans une certaine mesure, les résolutions des représentants,
c'est à tous ces titres que Langlois a fait insérer dans son
journal, dans le journal dont il dispose, des publications qui
sont des actes, qui impliquent sa responsabilité comme membre du Comité de la presse, et qui en font aujourd'hui, en
définitive, un des accusés du procès actuel.

C'est là une distinction qu'il est impossible de ne pas faire,
c'est une distinction qui est sentie par tous les esprits qui se
pénètrent du sens légal de l'accusation qui est portée contre
Langlois.

Permettez-moi d'ajouter un mot. Il est si vrai que ce n'est
pas le gérant qui prend sur lui ces insertions, que l'un des
accusés absents, l'accusé Jules Lechevalier, qui était aussi
membre du Comité de la presse, qui avait, lui, dans le journal *la Tribune des peuples*, une position bien moins importante que celle de Langlois au *Peuple*, a cru devoir écrire
au ministre de l'intérieur pour établir que le gérant n'était
pour rien dans la publication des articles dont il s'agit, et
que c'était lui qui l'avait ordonnée. Voici ce qu'il dit :

« **Paris, 21 juin 1849.**

« Citoyen ministre,

« *La Tribune des peuples* se trouve au nombre des journaux
suspendus ; trois de ses rédacteurs ont été arrêtés ; les scellés
ont été apposés sur les bureaux et sur les papiers de son administration.

« Ces actes ont été motivés sans doute par la publication
qui a été faite dans les colonnes de la *Tribune des peuples*
des pièces suivantes : *Déclaration au peuple français*, signée
par un certain nombre de représentants du peuple, dits *de
la Montagne ; Adresses du Comité de la presse républicaine, du
Comité socialiste,* etc.

« Je viens vous déclarer, citoyen ministre, qu'ayant pris
part, comme membre du Comité démocratique socialiste, aux
efforts faits pour porter à la connaissance du peuple les pièces
ci-dessus mentionnées, c'est moi qui en ai demandé la publication au gérant du journal *la Tribune des peuples*, dont j'é-
tais un des collaborateurs depuis quelques semaines, ce qui

n'implique, de la part dudit gérant, aucune participation active.

« Quant aux autres rédacteurs arrêtés, ils n'ont pas même eu connaissance des pièces publiées; il en est de même des administrateurs et propriétaires du journal, ainsi que de M. Adam Mieckerwiez, lequel n'avait point paru au bureau du journal depuis quelques semaines, étant retenu à son domicile par une maladie grave.

« Je vous fais spontanément cette déclaration, citoyen ministre, afin de dégager pour autant la responsabilité des rédacteurs mis en cause, et de faire ce qui est en moi pour diminuer le dommage porté à une feuille fondée au prix de grands sacrifices et dans un intérêt tout à fait respectable, celui de la cause des peuples opprimés.

« Veuillez agréer, citoyen ministre, ma salutation fraternelle.

« JULES LECHEVALIER,
« rue des Vieux-Augustins, n° 16. »

Ainsi ce que nous établissions tout à l'heure nous paraît incontestable et résulte des faits au milieu desquels nous raisonnons; nous en avons la preuve dans le procès, par un homme qui avait dans *la Tribune des peuples* une position certainement inférieure à celle de Langlois dans *le Peuple*.

Dans cette circonstance, en effet, c'est un membre du Comité de la presse qui a fait faire la publication sans se préoccuper du gérant du journal.

Nous vous disions que, dans une note saisie chez Langlois, se trouvait l'indication de la part qu'il avait dans la rédaction du journal *le Peuple*. Il y était chargé de la polémique quotidienne et des séances de l'Assemblée.

Dans son numéro du 12, *le Peuple* accompagne la publication des pièces arrêtées dans la réunion de la veille de ce très-court passage que je vous lirai :

« Le citoyen Ledru-Rollin a terminé son second discours par ces paroles :

« Les faits sont là; les textes de nos décisions sont explicites. Vous avez manqué à votre devoir, vous avez manqué à votre mission. La constitution a été violée; NOUS LA DÉFENDRONS PAR TOUS LES MOYENS POSSIBLES, MÊME PAR LES ARMES. »

« Rappelé à l'ordre, le citoyen Ledru-Rollin a ajouté :

« L'art. 110 de la constitution déclare ceci : *La constitution est confiée au patriotisme de tous les Français.*

« J'ai dit et je le répète : LA CONSTITUTION VIOLÉE SERA DÉFENDUE PAR NOUS, MÊME LES ARMES A LA MAIN. »

« Nous espérons que la Montagne tiendra le serment prononcé par son chef. »

On a mis en capitales les mots « *Même par les armes,* » et on exprime le vœu que le serment soit tenu. C'est le 12 qu'on écrit cela. Voilà le compte rendu de la séance de l'Assemblée, l'article d'appréciation du fait grave qui s'est passé à cette séance.

Il y a un autre fait relatif au journal *le Peuple*; ce n'est pas un fait complétement direct, mais c'est un fait grave qui a pris de l'importance aux débats.

C'est dans les bureaux du *Peuple*, dans l'atelier de l'imprimerie du *Peuple*, qu'ont été imprimés les petits placards d'abord, et ensuite un placard dont il faut que je vous dise encore quelques mots.

Pour les petits placards, il ne peut pas y avoir de contestation; ils sont la reproduction de la publication du 13. Ils contiennent les déclarations, de la *Montagne*, des comités, des Amis de la constitution; ils ont été tirés à un grand nombre d'exemplaires; ils ont été dès le matin affichés dans Paris, et étaient destinés à propager davantage ces divers appels au peuple. Sur ce point il n'y a pas de contestation.

Il y a eu une expertise : elle a dit que c'étaient exactement les caractères du *Peuple*, mais que ces caractères pourraient appartenir à une autre imprimerie; il y a quelque chose de plus positif, c'est la faute, l'inexactitude du chiffre dont je parlai hier et sur laquelle je n'ai pas à revenir.

Indépendamment de ces placards, il fut affiché dans les rues de Paris un grand placard que nous recommandons à vos souvenirs.

Il y a deux lettres écrites du Conservatoire par les accusés Ménand, Landolphe, Heitzmann, etc.

Il y a là un lien qui ne vous aura pas échappé. Vous avez remarqué le caractère sérieux de ces lettres, qui parlent de la permanence, qui disent que la Montagne est gardée par l'artillerie, que le peuple prend les armes dans les rues, et qui ajoutent : « Une proclamation est lancée au peuple pour l'appeler aux armes. » Ce sont les expressions d'une de ces lettres. Effectivement, on a saisi, ou plutôt on a arraché, le 13, dans la rue Coquillière, et ensuite dans la rue Chapon, deux exemplaires d'un placard qui n'est pas autre chose que la réalisation de ce qu'annoncent les lettres de Ménand, Landolphe et autres; l'un de ces exemplaires était sur papier rouge, l'autre était sur papier blanc. Celui sur papier rouge a été apposé deux fois, rue de la Jussienne, n° 21, et en face, dans la même rue, au n° 22. Une première fois il a été enlevé; mais la personne qui l'avait enlevé a vu une telle émotion dans la rue, qu'elle a eu peur et qu'elle a réapposé l'affiche en face. Elle fut bientôt arrachée de nouveau par des officiers de la garde nationale, entendus ici, MM. Bernard et Fontaine, qui la remirent entre les mains du maire. L'exemplaire sur papier blanc a été apposé rue Chapon, au coin de la rue Transnonnain. Celui-là fut enlevé à sept heures du soir par un inspecteur de police que vous avez entendu, et qui fut obligé, pour éviter un conflit fâcheux qui aurait pu s'élever entre les agents qui l'accompagnaient et les groupes qui étaient dans la rue, de recourir à la force armée. C'est l'adjudant Do-Grau qui a prêté main-forte à l'officier de police.

Voilà la situation de ces deux placards parfaitement expliquée : on ne les a pas saisis dans un lieu indifférent, ils ont été trouvés affichés; il a fallu, dans un cas, qu'on enlevât, deux fois de suite, avec une certaine résistance, un premier exemplaire successivement apposé en deux endroits, et pour l'enlèvement du second exemplaire, que la force armée vînt aider un inspecteur de police. Ce placard était ainsi conçu :

Au peuple !

A la garde nationale !

A l'armée !

« La constitution est violée ! le peuple se lève pour (la) défendre....

« La montagne est à son poste.

Aux armes ! aux armes !

« *Vive la République ! vive la constitution !*

« Au Conservatoire des arts et métiers, le 13 juin, à deux heures.

« Les représentants de la Montagne :

« Ledru-Rollin, Landolphe, Heitzmann, Rougeot, Bertholon, Mathé, Rolland, Gindriez, Racouchot, Martin Bernard, Anstett, Gaston Dussoubs, Faure, Rattier, Ennery, Fargin-Fayolle, Pelletier, Baudin, Viguier, Pfliéger, Combier, Boch, Jollivet, Chauvelon, Greppo, Richardet, Fond, Sartin, Labrousse, Hofer, Lasteyras, Monnier, Saint-Marc Rigaunie, Breymand, Sommier, Cassal, Chouvy, Jannot, Maigne, Arnaud (du Var), Salmon, Suchet, Benoît, Rouet, Savoye, Avril, Terrier, Jehl, Pons-Tande, Vauthier, Duputz, Daniel Lamazières, Rouaix, Cantagrel, Miot, Michel (de Bourges), Malardier, Louriou, Pilhes, Rochut, Commissaire, Detours, Deville, Ronjat, Roselli-Mollet, Nadaud, Antony Thouret, Montagu, Marc-Dufraisse, Gilland, Delavallade, Gambon, Richard (du Cantal), Pierre Leroux, Durand-Savoyat, Glaizal, Laurent, Robert, Lefranc, Guiter, Cholat, Bourzat, Cha-

voix, Menand, Denayrouse, Penières, Guisard,
Mie, Vignes, Chaix, Parfait, Bandsept, Bancel,
Wacheresse, Kopp, Testelin, Latrade, Doutre,
Pascal Duprat, Brives, Boichot, Versigny, Bruck-
ner, Delebecque, Fawtier, Westercamp, Beyer (Eu-
gène), Considerant, Renaud, James Demontry,
Derriey, Baune, Boisset, Bruys, général Rey, Saint-
Ferréol, Rantian, Bouvet (Aristide), Bajard, etc. »

Ce placard, l'instruction est parvenue à savoir très-exac-
tement où et comment il a été imprimé. Il y a eu une expertise qui est arrivée à des résultats très-précis et très-nets,
qui ont été vérifiés, ce qui est mieux que l'expertise, par
la déclaration d'un témoin qui a vu composer et imprimer
le placard.

L'expertise avait déjà déclaré que les grosses lettres du
placard avaient été imprimés avec des caractères en bois, et
que l'autre partie du texte l'avait été avec des caractères en
fonte.

On a retrouvé dans l'imprimerie Boulé tous les caractères
en fonte qui avaient pu servir, qui s'appliquaient exactement
au petit texte; mais on s'arrêtait pour la conclusion absolue. L'expert disait : « Ces caractères se retrouvent dans
toutes les imprimeries. » Mais le doute a cessé quand on est
arrivé aux gros caractères en bois; ce sont des caractères
qui ont été faits spécialement sur la commande d'une imprimerie, qui ont été gravés pour elle; et l'expert disait, à
cet égard : « Quant à ceux-là, ils s'appliquent d'une manière
tellement exacte, qu'ils révèlent évidemment que le placard
est sorti de l'imprimerie Boulé. Cette démonstration est devenue plus forte encore quand on a entendu M. Lenor déclarer que ces caractères spéciaux avaient été commandés par
M. Boulé; qu'il n'y avait pas d'autres caractères semblables
dans d'autres imprimeries; par conséquent, il ne peut rester
de doute sur ce point. Seulement il fallait savoir par qui
(l'imprimerie Boulé servant à plusieurs journaux), cette impression avait été faite. M. Lenor a été entendu deux fois
dans l'instruction; il a été entendu également ici. Il a été
très-précis dans les déclarations qu'il a faites. Dans l'instruction, il a déclaré qu'à trois heures, trois heures un quart,
cinq ou six ouvriers compositeurs du journal *le Peuple*
étaient entrés à l'imprimerie, où il était, au 2e étage, et lui
avaient demandé les gros caractères en bois; ils n'avaient
pas demandé autre chose, et il les avait fournis.

Ici il a reproduit la déclaration qu'il avait faite, seulement il a varié sur ce point : il a dit qu'il était difficile d'affirmer que les compositeurs fussent des ateliers du
Peuple, ou plutôt il a dit qu'il ne pouvait pas assurer que ce
fussent des compositeurs habituels du *Peuple*, qu'ils pou-

vaient être des surnuméraires ou des remplaçants des compositeurs habituels de ce journal.

La question pour nous n'est pas de savoir si c'étaient des compositeurs en titre ou si c'étaient des surnuméraires ; la question est de savoir si ce sont des compositeurs qui appartiennent au journal *le Peuple*. A cet égard, il n'y a aucune espèce d'hésitation dans la première déclaration de Lenor. Il énonçait que c'étaient des compositeurs du *Peuple*. Les petites hésitations qui se manifestent sur la qualité de ces compositeurs ne peuvent pas altérer la vérité de la déclaration qu'il a faite dans sa première déposition. Il ne lui a été demandé que les gros caractères et non pas les petits.

Vous n'avez pas oublié ce qu'on disait, qu'on pouvait entrer et prendre dans une imprimerie les petits caractères. Il y a quelque chose de certain, et qui est confirmé par les usages : c'est que le premier venu ne peut pas entrer dans une imprimerie sans avoir affaire à quelqu'un qui est chargé de surveiller ce qui s'y passe.

Ils n'ont demandé que les gros caractères, pas les petits. Ils étaient habitués à se servir des petits, mais ils ne se servaient jamais des gros. Ces caractères n'étaient pas d'usage dans le journal. Ceci ne peut faire aucune objection à la déclaration première de M. Lenor ; mais ce qui fondait surtout cette déclaration, et ce qui fait qu'il ne peut pas l'altérer, il ne le veut pas d'ailleurs, mais qu'il ne peut pas la modifier, c'est qu'il avait parfaitement expliqué les raisons de ses deux déclarations : ainsi il a dit qu'il connaissait tous les autres compositeurs des journaux qui s'impriment dans la maison, c'est-à-dire *la République*, *l'Estafette* et *la Liberté*, mais qu'il ne connaissait pas ceux du *Peuple* ; par conséquent, ajoute-t-il, il ne peut dire exactement, assurer si c'était eux ou si ce n'était pas eux. Mais, ce qui est certain pour lui, et voyez combien on précise, c'est que ce n'est aucun des compositeurs des trois autres journaux qui viennent lui faire la demande des caractères ; et puis, où descendent ces individus ? dans l'atelier du *Peuple*. La composition est au premier, l'imprimerie est au deuxième, et la rédaction est au troisième ; c'est à l'atelier qui sert à la composition, c'est-à-dire au premier, que, sans aucune hésitation, sans aucune indication, les cinq compositeurs sont entrés : quand je dis l'atelier du *Peuple*, c'est ainsi qu'on désigne cette pièce, Langlois le reconnaît bien. Il y a dans ce même endroit trois compositions, deux pour *le Peuple*, l'autre pour le journal *la Liberté*. M. Lenor ayant déclaré qu'il connaissait les compositeurs de tous les autres journaux qui se faisaient dans l'établissement, ce ne peuvent pas être ceux de *la Liberté* qui lui ont fait la demande. Il ne reste donc plus que les ouvriers de l'autre composition, ceux du

Peuple. Leur habitude de la localité ne laisse aucun doute ; ce ne peut être que des compositeurs habituels du *Peuple*. Peu importe qu'ils soient en pied ou qu'ils soient surnuméraires, ce sont des hommes qui ont l'habitude de l'atelier, qui se servent des petits caractères, mais qui n'ont pas l'usage des gros. Voilà comment tout concourt à démontrer que la déclaration de M. Lenor est parfaitement complète.

Ce témoin s'est placé ici dans une situation très-loyale, et qui, dans cette circonstance, n'est peut-être pas sans péril. Ainsi cette déclaration est complète. Elle est parfaitement respectée par tout le monde, par l'accusé lui-même, et les petits scrupules que manifestait le témoin tiennent à des causes étrangères à ce qui s'est passé. Ces scrupules tombent devant les explications que nous venons d'avoir l'honneur de rappeler à vos souvenirs.

Il y a encore quelque chose qui confirme cela et qui nous prouve que nous ne pouvons pas nous tromper, que nous sommes dans le vrai.

Les petits placards sortent de là, les grands placards sortent de là. Il y a un fragment de ce grand placard qui est trouvé, où ? Je sais que l'on élève une contestation sur ce point... Il est trouvé le soir dans la perquisition que l'on fait dans la maison Boulé, et ici l'importance du lieu où le fragment a été placé est grande.

Le commissaire de police Loyeux a fait une perquisition et il a saisi de nombreux papiers le soir. Il vous a déclaré dans quelles circonstances, au milieu de quelles émotions tout cela s'est fait. Tout cela est possible, nous l'admettons ; mais enfin le fragment du placard est précisément classé dans l'instruction comme ayant été trouvé dans les bureaux du *Peuple*. On entend M. Loyeux dans l'instruction ; et ici il maintient la déclaration qu'il a faite.

Il dit : « Tout ce qui a été saisi d'abord dans les bureaux du *Peuple* a été mis dans une corbeille. Je ne puis dire d'où vient le reste, mais j'affirme que ce qui a été saisi dans les bureaux du *Peuple* a été placé dans une corbeille, et le scellé où se trouve placée la pièce indique précisément qu'elle est extraite de cette corbeille : tout cela n'a pas été fait pour une contestation qu'on ne pouvait prévoir à ce moment-là.

Ainsi, pour les petits placards, nous avons un lien matériel qui les rattache au *Peuple* ; c'est une faute d'impression, le chiffre 184 mis à la place de 124. Quant au grand placard, les gros caractères ont été remis à des compositeurs qui ne peuvent appartenir à aucun autre journal que celui du *Peuple* ; il a été imprimé dans l'atelier du *Peuple* ; et puis, enfin, tout cela est confirmé par la découverte d'un fragment de ce placard, qui est trouvé dans l'endroit où l'on a placé uniquement les pièces saisies dans le bureau du *Peuple*.

Mais le hasard ne fait pas de pareils assemblages!

Il est impossible que l'erreur vienne se placer sur trois points à la fois, qu'elle vienne se placer sur la déposition d'un témoin tel que M. Lenor, et, en définitive sur les faits matériels que nous venons de signaler. Cela n'est point contestable : cela est sérieux, grave ; il y a des inductions nécessaires à tirer des faits que vous connaissez, des faits qui ressortent de cette discussion, contre l'accusé Langlois, le représentant du journal *le Peuple* dans l'affaire, le représentant actif, le chef du journal, le membre influent du Comité de la presse, l'homme présent aux réunions, l'homme qui a inséré, dans les circonstances que je rappelais tout à l'heure, les actes considérables, définitifs, sérieux, qui caractérisent légalement le complot et qui conduisent à l'attentat.

Vous aurez à suivre ce qui s'est passé dans les bureaux du *Peuple* où s'est tenue une des réunions qui sont incriminées, à voir les pièces qui y ont été trouvées. Vous tirerez de ces faits une conclusion consciencieuse et logique que nous attendons avec confiance et respect.

Le second membre du Comité de la presse, messieurs, est l'accusé Allyre Bureau.

Allyre Bureau était un des rédacteurs et l'administrateur du journal *la Démocratie pacifique ;* il a été arrêté le 13 juin à huit heures, avec d'autres employés, dans les bureaux de ce journal. C'est là qu'on a saisi (le témoin Dubois de Létang vous rappelait dans quelles circonstances) le manuscrit de la déclaration de la Montagne, qui a été publiée le 12.

Mais, nous nous hâtons de dire que cette pièce ne se lie à Allyre Bureau que parce que le fait est contemporain de son arrestation. L'accusation n'a jamais prétendu lui attribuer la responsabilité personnelle de cette pièce.

Vous savez le rôle joué par *la Démocratie pacifique*, par les bureaux de ce journal, dans tous les faits soumis à votre appréciation ; vous savez que c'est de là que sont parties les convocations de la première réunion ; c'est là qu'a eu lieu la première réunion, c'est là qu'a eu lieu la dernière, c'est là que se sont agitées les questions de complot.

Vous savez que le journal est représenté, dans l'accusation, par son rédacteur en chef, l'accusé Considerant, et par l'accusé Cantagrel.

Allyre Bureau était, lui, un des rédacteurs, et il a représenté, il en convient, quelquefois le journal dans les réunions du Comité de la presse.

Voilà, pour ce qui touche le journal, ce qui existe relativement à l'accusé Allyre Bureau.

Il a été présent à la réunion du 11 au matin et du 12 au

soir; le 12 au soir il prétend qu'il allait et venait ; il a été assez sobre de détails sur ce qui s'est passé.

Le 13, il était dans les bureaux du *Peuple* avec l'accusé Langlois ; c'est un fait que nous avions omis de rappeler, et qui n'a pas d'ailleurs une grande importance , Langlois était à son bureau, dans la journée du 13, au moment où passait la colonne qui se rendait au Conservatoire. Vous vous rappelez l'incident qui s'est élevé avec un capitaine de la garde nationale à cet égard. Il rédigeait les nouvelles de la manifestation, qu'il reconnaît être de sa main.

Allyre Bureau rédigeait également aux bureaux du *Peuple*, où il était avec Langlois, des pièces qui ont beaucoup de rapport avec les notes intitulées par ce dernier : *Nouvelles de la manifestation*, pièces qui ont été déjà mises sous vos yeux.

Il s'est joint à ces circonstances des faits qui se sont passés à Epernay, et sur lesquels vous avez entendu les dépositions des témoins Paris, Neuville et Bénard.

Allyre Bureau avait écrit à M. Paris, horloger à Epernay, une première lettre qui n'avait pas beaucoup d'importance, mais qui établit qu'il lui écrivait quelquefois.

M. Paris a reçu de lui, le 14 au matin, une lettre qui est anéantie, mais dont une phrase a été parfaitement recueillie et parfaitement rapportée par M. Paris.

Cette phrase est celle-ci : « La Montagne est réunie aux Arts et métiers avec la légion d'artillerie ! Dieu protége la justice ! »

Ainsi c'était le 13, dans le moment où Allyre Bureau déclare qu'il écrivait le récit de la manifestation pour le journal *la Démocratie pacifique*, que, ne se bornant pas à écrire des nouvelles pour son journal, il en envoyait dans les départements. Et ceci est très-sérieux à ce moment, car vous verrez comment les événements de Paris marchaient d'accord avec les événements qu'on espérait faire éclater dans les départements.

Mais, enfin, voilà la phrase qui se trouvait dans cette lettre et qui a été répétée par plusieurs témoins ; nous disons par plusieurs témoins, parce que M. Paris a communiqué la lettre à M. Bénard et à M. Neuville. La phrase est reproduite; seulement quelques-uns ajoutent qu'il y avait dans la phrase qui précédait, ces mots : « La lutte est engagée. »

Les témoins ont été très-fermes sur tous ces points ; l'un d'eux, entre autres , a entendu : « Nous espérons que tous les républicains de France feront leur devoir. »

Ce qui est certain, c'est que cette lettre, avec la phrase déjà très-grave que nous venons de citer, a eu, aux yeux de Paris, assez d'importance pour qu'il ait cru devoir l'anéantir.

Elle a eu une autre importance : ce qui prouve que toutes ces communications n'étaient malheureusement pas sans effet,

sans résultat, sans donner l'excitation qu'on voulait produire, c'est que M. Neuville a déclaré que M. Paris,
après cette lettre, lui avait dit : « Eh bien, il faut mettre la
garde nationale sur pied. » Et ce n'était pas probablement
dans un très-grand désir d'ordre, car il ajoute : « Il faut
briser le télégraphe de Mont-Maur. » Il n'y en avait pas à
Mont-Maur, mais à Vertus. Vous voyez que, sous l'impression
de la lettre reçue, les actes ne manquaient pas, et le but de
ceux qui écrivaient au milieu de certaines émotions se traduit mieux qu'on ne veut ensuite l'avouer, quand on est vaincu
par l'événement.

Ainsi voilà dans quelles circonstances était écrite la lettre.
Elle est positive ; bien qu'anéantie, elle est reconnue par
Allyre Bureau ; c'est là un fait qui a été rapporté à votre au-
dience, et qui est présent à votre esprit.

Cependant, messieurs, indépendamment de ces faits, en
dehors de ces faits, il y a une réflexion sur laquelle nous
n'avons pas de direction à vous donner, mais que nous ne
voulons pas laisser inaperçue.

Allyre Bureau n'était que l'administrateur de *la Démocratie pacifique*, et dans le procès, c'est une considération,
nous l'avouons, qui nous touche assez gravement pour que
nous nous croyions en devoir de vous la soumettre.

Le journal *la Démocratie pacifique* qui, dans les faits
actuels, a une grande et sérieuse importance de responsabilité, dont les bureaux ont été, nous n'hésitons pas à le dire,
un des foyers, et un des foyers les plus constants et les plus
permanents de ce qui s'est organisé pendant les trois jours, ce
journal est représenté dans le procès par l'accusé Considerant et l'accusé Cantagrel. Il est notoire que la direction partait de l'accusé Considerant, et très-souvent de l'accusé Cantagrel. Allyre Bureau, en sa qualité d'administrateur, de
rédacteur ordinaire, il me permettra de le dire, de rédacteur en sous-ordre, ne vient donc que le troisième ; c'est une
considération. A-t-il la responsabilité unique aujourd'hui,
parce qu'il est seul présent, de ce qui s'est passé dans les bureaux de *la Démocratie pacifique* ? Nous n'oserions pas aller
jusque-là.

Nous trouvons dans l'un des numéros, celui du 12, un article
signé Considerant et rédigé dans des termes qui annoncent
d'avance ce que reproduit plus tard la publication du *Débat
social*, de Bruxelles ; les termes de cet article sont si explicites et trahissent si bien l'un des organisateurs les plus responsables de ce qui se faisait et se publiait là, qu'en vérité
nous croirions manquer à un devoir si nous ne vous signa-
lions pas nous-mêmes l'affaiblissement qui nous semble en
résulter pour l'accusation à l'égard de M. Allyre Bureau. Vous
jugerez ; nous nous en rapportons à vous.

Reste l'accusé Paya dans cette catégorie.

L'accusé Paya a protesté à cette audience contre beaucoup de choses ; c'était son droit, nous n'avons pas à nous en plaindre. Nous avons seulement à établir devant vous la vérité, la seule vérité sur tous les points : pas plus pour l'accusé Paya que pour d'autres, nous ne voudrions d'autres armes.

Il avait été dit que l'accusé Paya avait présenté une pétition à la commission des récompenses nationales en 1848. C'est un fait qui n'a pas une grande importance au procès, qui a seulement un intérêt d'appréciation et de rectification. Paya a protesté contre ce mot de *pétition ;* nous allons vous laisser juges, en vous lisant le commencement de la lettre. Elle est du 14 avril 1848 :

« Je ne sollicite ni emploi, ni récompense, ni faveur ; mais il se pourrait qu'un jour la République française, mal servie et compromise par des intrigants, eût besoin de faire appel à des dévouements sérieux, à des hommes qui aient réellement fait leurs preuves d'énergie et de patriotisme; le Gouvernement saura alors, d'après le rapide exposé qui suit, si mon concours peut lui être utile. »

Ensuite, vient une espèce de biographie très-longue que je ne vous lirai pas, parce qu'elle ne tient pas au procès, et qui comprend tous les actes par lesquels Paya entend justifier ce préambule adressé à la commission des récompenses nationales.

Ce qui est plus sérieux au procès, ce qui est plus utile, c'est de dire que Paya n'était pas membre du Comité de la presse, qu'il n'a jamais figuré dans l'accusation à ce titre; il y figure, au reste, à un titre non moins important et non moins grave, c'est en qualité d'intermédiaire entre la presse de Paris et celle des départements, intermédiaire actif, habitué aux luttes, athlète de la presse, comme il le dit lui-même, propagandiste infatigable. Au surplus, vous avez jugé, par les déclarations que vous avez entendues de lui, par l'énergie de sa défense et de sa discussion, que ce n'est pas un homme qui puisse borner sa correspondance, qu'il intitule *Correspondance démocratique,* à un rôle secondaire, purement mécanique. C'est une correspondance réfléchie, à laquelle il donne une couleur; il place lui-même ce cachet sur ses circulaires ; il la dirige et il la fait en homme qui, comme je le disais tout à l'heure, se pose en athlète de la presse.

Il était membre du Comité démocratique socialiste, il était même nommé membre d'une commission d'enquête, comme on le voit dans le procès-verbal de séance du 13 mai, dont il a été question quelquefois; il avait été antérieurement fondateur de *l'Emancipation,* de Toulouse, et rédacteur en chef de la *Revue du Midi* ; enfin il avait fondé en août 1848 cette correspondance dont nous vous parlions tout à l'heure ; nous avons maintenant à y revenir avec quelques détails, qui seront encore longs, et pour lesquels nous vous demanderons un peu de patience.

L'accusé Paya avait fait des circulaires qui ont déjà passé sous vos yeux et par lesquelles il annonçait l'établissement de sa correspondance, dont le siége était rue de l'Université ; quant à lui, il demeurait rue de Lille, 87. Il a été arrêté à onze heures du matin, le 16 juin, à son domicile. Il a protesté plusieurs fois à l'audience contre ce mode d'arrestation ; il s'est élevé avec une telle insistance contre ce procédé d'arrestation, que nous devons vous dire un mot à cet égard. Il a été arrêté par un commissaire de police qui a dressé un procès-verbal que je trouve dans les pièces et qui est entre les mains de l'accusé Paya. Ce commissaire s'est présenté en vertu d'un mandat du préfet de police, qui est énoncé dans le procès-verbal ; et le procès-verbal porte que les agents qui accompagneront Paya, sont chargés de lui notifier ce mandat, qui était collectif, et qui ne s'arrêtait pas seulement à l'accusé ; c'était donc un commissaire de police agissant en vertu d'un mandat du préfet de police. L'article 10 du Code d'instruction criminelle a investi le préfet de police du droit de faire la recherche des délits et d'en livrer les auteurs. La loi lui donne un droit spécial à cet égard. Cette explication était inutile, car, en définitive, MM. les hauts jurés, qui sont ici juges de beaucoup de choses importantes, n'ont pas à s'occuper de ce détail ; si l'accusé Paya avait à cet égard à soumettre quelques plaintes fondées, c'était au préfet de police ou au supérieur du préfet de police qu'il pouvait s'adresser ; il avait le droit de se pourvoir en cassation contre l'arrêt d'accusation, il ne l'a pas fait. Ces questions sont déplacées ici, elles surchargent le débat ; elles ne doivent pas y être discutées davantage en présence des termes formels de l'art. 10 du Code d'instruction criminelle, qui accorde au préfet de police le droit contesté ici par l'accusé.

L'accusé Paya a-t-il participé au complot ? car il ne s'agit ici que du complot ; voilà la vraie, la vive question que vous avez à juger. Cette appréciation pour Paya se divise en deux parties : il y a à examiner les articles qui ont été envoyés par l'accusé, et une lettre que nous réservons pour la fin. Ces articles envoyés forment ce qu'on appelle la correspondance journalière, et la lettre autographiée, signée Paya, est, au contraire, en dehors de la correspondance ordinaire.

Les articles sur lesquels nous avons à appeler votre attention sont ceux qui sont partis de Paris les 10, 11, 12 et 13 juin.

Dans l'article du 10, voici ce que nous lisons : Nous ne

vous lirons pas tout l'article, qui a déjà été lu à cette audience; nous citerons seulement ce passage, c'est la correspondance du 10 : « On assure qu'à la suite des interpellations qui auront lieu demain sur les affaires étrangères,
il sera déposé une demande de mise en accusation du ministère et du président de la République, motivée de telle
sorte que le pays ne peut que s'en émouvoir très-vivement...»

C'est l'annonce de la proposition de mise en accusation,
qui n'est déposée que le 11 par Ledru-Rollin.

« Quant au peuple socialiste..., dont les royalistes, dans
quelques-uns de leurs organes, demandent ouvertement la
mort par le fer et le plomb, on peut dire que son impatience
est grande de voir ses ennemis l'attaquer, et qu'il semble peu
les redouter ; mais, s'il descend dans la rue, ce ne sera qu'à
bonne enseigne, et il n'a nulle envie de recommencer un
24 juin, c'est-à-dire de se battre pour être vaincu. »

Voilà les dispositions qu'on prête au peuple socialiste le
10 juin ; voilà en quels termes hardis, la veille, on parle d'un
fait qui se passera le lendemain, et de l'attitude du peuple,
qui n'a pas peur d'être vaincu.

Nous examinerons plus tard, c'est un point réservé jusqu'à
présent, mais nous ne laisserons rien sans réponse ; nous
examinerons plus tard ce qui lie l'accusé Paya à cette correspondance, dont il a reconnu plusieurs articles dans l'instruction. L'article que nous venons de vous lire, écrit de
Paris, le 10 juin, a été publié dans plusieurs journaux, notamment dans *le Citoyen de Dijon*, l'un des correspondants
de Paya, dans *le Démocrate du Var* et dans *la Voix du
Peuple*, de Marseille.

La correspondance partie de Paris le 11 juin contenait
un article que vous vous rappelez peut-être, et qui est intitulé *Situation de Paris ;* il commence par ces mots : « La
situation de Paris... » Nous trouvons cet article reproduit
dans *le Démocrate du Rhin*. Nous avons encore quelques passages à vous lire ; nous commençons à présent à nous servir,
pour les citations, du *Démocrate du Rhin*, parce que vous
avez entendu le témoin Marin, qui a déclaré dans l'instruction que, quel que fût l'usage de ses confrères, il insérait la
correspondance de Paya sans modification aucune ; il a répété
ici que, quant aux articles représentés, il les avait insérés
sans aucune modification ; il a bien ajouté que quelquefois il lui était arrivé de faire quelques suppressions in-
signifiantes ; mais, dans les articles dont nous nous occupons,
et qui lui ont été représentés, je le répète, il reconnaît qu'il a
textuellement inséré la correspondance partie des bureaux de
Paya.

Nous lisons donc dans le n° du 11 juin, du *Démocrate du Rhin :*
« La situation de Paris est la même qu'hier, si ce n'est

que les esprits sont beaucoup plus agités ; tous les partis sont en éveil ; tous les journaux sont à la résistance contre l'arbitraire ; les têtes veillent, les bras attendent ; dans la nuit, beaucoup de conseils ont été tenus. »

Viennent ensuite de très-grands détails ; nous ne pouvons pas tout vous lire ; ces pièces vous seront remises.

Voici comment se termine l'article :

« Tout le reste du discours de M. Barrot n'a été qu'une longue apologie de la conduite du Gouvernement, une redite interminable des lâches arguments qu'on connaît. En somme, c'est un mauvais discours de plus qu'a prononcé le flasque président du conseil.

« Après une suspension d'un quart d'heure, M. Ledru-Rollin monte à la tribune... Mais d'autres devoirs que ceux de vous écrire m'appellent ; je ne puis que vous dire que le chef de la Montagne commence son discours en déclarant que, la constitution étant manifestement violée, aux termes de l'art 110), les citoyens ont le droit de la défendre les armes à la main. A demain donc, si le télégraphe ne vous instruit pas avant moi des événements. »

Permettez-moi en passant cette réflexion. Voilà un article que le témoin Morin, après qu'on le lui a représenté, déclare avoir inséré textuellement, sans modification. Il part de la correspondance Paya, la personne apparaît dans l'article ; il dit entre autres choses ces mots si graves sur la séance du 11 juin : « D'autres devoirs m'appellent, je ne puis que vous dire que le chef de la Montagne commence son discours... »

C'est pendant la séance même, c'est à l'instant où Ledru-Rollin vient de faire entendre son appel aux armes à la tribune, que cette nouvelle est partie avec ce caractère énergique que prend la personne qui écrit. Est-ce qu'il serait possible que ce fût un commis de la correspondance qui écrivît un pareil article ? Est-ce que vous ne voyez pas le directeur tout entier dans ces mots : « D'autres devoirs que ceux de vous écrire m'appellent ; » et dans cette responsabilité qu'il prend à l'heure même de faire entendre par tous les moyens qui sont à sa disposition, jusqu'aux dernières limites du pays, sans attendre les dernières feuilles de la séance, ce qui vient d'être dit à la tribune ?

Voilà une première réflexion qui, certainement, ne vous a pas échappé. Cet article se retrouve complet dans le *Républicain de l'Allier*, dans le *Démocrate de l'Ouest*, réduit par le milieu, de quelques lignes seulement, dans le *Montagnard du Midi*, dans le *Républicain de Lyon*, dans la *Voix du Peuple*.

Voilà six journaux qui reproduisent dans les mêmes termes cet article. Doutez-vous de la déposition du témoin Ma-

rin, quand il vient vous dire qu'il a inséré textuellement ;
que ce qu'il a inséré dans ce numéro est parti du siége de
la correspondance Paya ? En doutez-vous, quand vous voyez
que la même version, le même texte se trouve, sans y changer un mot, dans quatre journaux, et pour les passages
importants, dans deux autres, ce qui fait six journaux.

La correspondance particulière de Paris, le 12, contenait
un article qui est encore dans *le Démocrate du Rhin*, intitulé
Séance de la chambre ; il est précédé de ce premier titre :
Correspondance particulière.

Voici cet article :

« Le séance de l'Assemblée, commencée à trois heures et
un quart, a été suspendue à trois heures et demie, pour une
heure. Les départements ne pourront, par conséquent, avoir
le compte rendu aujourd'hui, si ce n'est les quelques mots
que vient de recueillir notre sténographe. Selon toute apparence, le télégraphe annoncera demain matin que la majorité s'est de nouveau prononcée en faveur du ministère, en
repoussant la mise en accusation qu'a déposée la Montagne,
comme un juste châtiment de son indigne conduite.

« Mais, si habitués que nous soyons à suivre avec une im-
patiente attention les débats législatifs, il est certain qu'aujourd'hui l'intérêt se trouve ailleurs. Il est tout entier dans
l'émotion du peuple de la capitale, dans la préoccupation des
événements qui se préparent.

« Un fait caractéristique s'est passé hier soir : M. Emile
Girardin, qui a prêté un concours si énergique à l'élection
de M. Louis Bonaparte, s'est associé aux mesures qui sont
prises pour défendre la constitution contre les atteintes du
ministère et du président de la République. »

Est-ce que vous croyez que ce n'est pas un homme habile
qui donne une importante signification à ce fait, que M. de
Girardin, dans la réunion de la veille, a précisément émis
l'opinion qui a été reproduite ici par lui-même, et qui rappelle cela comme un fait caractéristique ?

On nomme M. de Girardin pour donner plus d'autorité à
ce Comité de la presse dans lequel on l'avait appelé. Est-ce
que ce serait tout autre que le directeur politique de la correspondance qui était au courant des faits, qui aurait pu
s'exprimer ainsi. Paya n'est pas en titre, nous le reconnaissons, dans le Comité de la presse ; mais il sait tout ce qui
s'y fait, mais il est en communication avec ce qui s'y passe ;
il est là ce qu'est un homme qui écrit : « D'autres devoirs
que ceux de vous écrire m'appellent... »

A la suite se trouvent ces mots :

« Paris continue d'être calme à la surface ; mais au fond
la fermentation est de plus en plus profonde, et le Gouvernement ne l'ignore point, car il prend ses précautions comme

à la veille d'une grande bataille. A chaque instant on voit passer, pàr le champ de Mars et l'esplanade des Invalides, des fourgons chargés de munitions, et les troupes, qui avaient déjà été consignées hier soir jusqu'à six heures et demie, le sont de nouveau au moment où je vous écris.

« Les ouvriers ont en grande partie quitté leurs ateliers ce matin, et semblent attendre le moment où la lutte s'engagera.

« Il serait difficile, du reste, de ne pas croire que cette lutte soit imminente; car on assure que le pouvoir exécutif, se croyant certain du triomphe, sera le premier à provoquer la bataille par un coup d'État, si le peuple ne se lève pas pour défendre la constitution violée. »

Ainsi, on déclare la lutte imminente, et afin de la rendre plus certaine, on fait courir je ne sais quel bruit de coup d'État que l'on prête, comme idée de provocation, au Gouvernement lui-même.

Est-ce que tout cela ne marche pas au complot? Est-ce que tout cela n'est pas dans le but de renverser le Gouvernement? Est-ce que nous ne trouvons pas ici les actes qui lient au corps de l'accusation générale celui qui les a écrits, celui qui s'explique en des termes si nets, si peu équivoques?

Viennent ensuite plusieurs autres petits articles. Nous devons dire que ces articles, venant à la suite de la séance, se trouvent reproduits dans une très-grande quantité de journaux de départements, et d'une manière identique, notamment dans l'Egalité d'Auch, le Montagnard du Midi, le Républicain de Lyon, le Démocrate de l'Ouest, la Ruche de la Dordogne, le Peuple souverain et l'Echo de l'Ain. Voilà ceux qui ont reproduit ces articles d'une façon identique; seulement ils ne les classent pas tous dans le même ordre. Ainsi, à la suite du premier paragraphe qui se termine par : « Il y aura séance de nuit, » plusieurs entre-filets se succèdent. Eh bien, ce qui vous prouve que tout cela partait effectivement de la correspondance Paya, c'est que nous avons eu à nous livrer à des recherches nécessaires, et que ces petits entre-filets se retrouvent tous diversement disposés dans plusieurs journaux correspondants de Paya,, par exemple, dans le National de l'Ouest.

Voici, dans le nombre, un petit article qui commence ainsi : « Aujourd'hui l'Elysée-National est gardé comme une forteresse, » et qui est encore reproduit par l'Echo de l'Ain, le Montagnard du Midi et le Peuple souverain de Lyon.

Un autre passage commence ainsi: « Nous avons parcouru dans la soirée d'hier toute la ligne des boulevards. » Il est reproduit dans le Peuple souverain et dans le Montagnard du Midi.

Un article commençant par ces mots : « A la préfecture de

police toute personne qui se présente, etc., etc. » est reproduit dans ces deux journaux le *Peuple souverain* et le *Montagnard du Midi*.

Vous voyez qu'ils ne prennent pas toujours tout, mais
que, ce qu'ils prennent, ils le prennent dans la correspondance Paya, et que c'est Paya qui l'envoie.

Voici le second passage important de cet article du 12, intitulé :

*Esprit de la garde nationale, à propos de la violation de la
constitution.*

« Les gardes nationaux de Paris sont indignés du rôle in-
fâme que le Gouvernement de M. Louis Bonaparte fait jouer
à la France dans la question italienne. Ils sont prêts à se lever au cri de : *Vive la constitution !* aujourd'hui le cri de
ralliement de tous les républicains.

« Dans la 3e, la 5e et la 7e légion, des signatures en grand
nombre sont apposées au bas d'une demande aux colonels,
tendante à provoquer des réunions, en vertu de l'art. 110 de
la constitution, qui la confie au patriotisme de tous les citoyens. La France entière connaît l'esprit démocratique qui
anime la légion de l'artillerie et son brave colonel, Guinard ;
la République peut compter sur elle. Des informations certaines nous donnent la conviction que les quatre cinquièmes
de la population parisienne sont disposés à défendre l'œuvre
nationale de l'Assemblée constituante et à laisser passer la
justice du peuple. D'un autre côté, bon nombre de soldats de
la garnison ont déclaré qu'ils ne marcheraient pas contre les
gardes nationaux et le peuple réunis pour protéger la République. M. Louis Bonaparte apprendra ce qu'il en coûte de
braver ouvertement une grande nation. Ses amis, les Russes,
n'arriveront pas assez à temps pour l'empêcher d'aller re-
joindre, en Angleterre, ceux qui, comme lui, n'ont jamais
rien oublié ni rien appris. La situation se dessine ; aujour-
d'hui la question va se décider. Le peuple est dans l'anxiété,
la fermentation s'accroît. On aura facilement raison de quelques factieux qui veulent imposer leur nullité à la France.
Vive la République ! vive la constitution ! »

Pour ce passage, l'accusé Paya se défend et s'est toujours
défendu qu'il vînt de sa correspondance, ou du moins de sa
main. Il reconnaît que la correspondance du 12, dans les
passages que nous venons de lire, émane de lui. Quant à
l'article sur l'esprit de la garde nationale, il en repousse la
solidarité ; il dit que s'il est parti de chez lui, c'est à son
insu. Mais vous vous rappelez à cet égard la déclaration de
M. Marin. Nous lui avons fait une question qui nous était
indiquée par un fait relatif au *National de l'Ouest*.

Le *National de l'Ouest* a publié l'article sur la séance du 12, et il y a joint l'article sur l'esprit de la garde nationale, en en supprimant le titre.

M. Marin, à la question que nous lui avons faite de savoir s'il avait mis lui-même le titre « Esprit de la garde nationale, » a déclaré que ce n'était pas lui qui l'avait mis ; qu'il en était sûr, qu'il l'avait trouvé dans la correspondance, et qu'il n'avait rien ajouté ni rien changé à ce qu'il avait reçu.

Ainsi, non-seulement l'article est parti de la correspondance, et nous n'en pouvons douter, puisqu'il est reproduit dans douze journaux différents, mais il est parti avec le titre que lui donne *le Démocrate du Rhin ;* le gérant vous affirme que ses souvenirs sont certains, que ses renseignements sont exacts.

Nous nous expliquerons tout à l'heure sur la responsabilité qu'encourrait Paya, lors même qu'il n'aurait pas expédié lui-même sa correspondance. Nous comprenons pourquoi il se défend si bien de cet article, mais il n'y a pas à douter que ce ne soit un homme initié à tout ce qui se faisait, concourant à toutes les résolutions prises, qui ait écrit ceci :

« Des informations certaines nous donnent la conviction que les quatre cinquièmes de la population parisienne sont disposés à défendre l'œuvre de l'Assemblée constituante et à laisser passer la justice du peuple. »

Et ces mots :

« La question va se décider. Le peuple est dans l'anxiété, la fermentation s'accroît. On aura facilement raison de quelques factieux qui veulent imposer leur nullité à la France. »

C'est ainsi qu'on traitait alors le Gouvernement. Il est certain, je vous le disais tout à l'heure, que c'est là un article qui n'émane pas d'un commis de correspondance; que c'est un article où la main du maître se fait sentir, la main d'un maître initié qui écrivait la veille : « D'autres devoirs que ceux de vous écrire m'appellent. »

Evidemment, il y a là le secret de cette correspondance; il y a là quelque chose qui ne vous échappe pas.

On donne comme positif que les quatre cinquièmes de la population sont du côté de l'insurrection, parce que, vous le savez, il n'y a pas de meilleur moyen de décider à prendre part à un mouvement que d'annoncer qu'il a la majorité.

Voici maintenant la correspondance du 13 juin.

Elle comprend la correspondance ordinaire et l'envoi extraordinaire de la lettre dont nous parlerons tout à l'heure.

La correspondance ordinaire s'applique à un article intitulé, dans *le Démocrate du Rhin,* « *Correspondance particulière,* » et qui commence ainsi :

« Dès ce matin, ouvriers, gardes nationaux se pressaient aux environs du Château-d'Eau ; d'heure en heure les groupes se sont faits compactes, ils s'étendaient du boulevard du Temple à la porte Saint-Denis. Les cris de : *Vive la constitution ! vive la république romaine !* se faisaient entendre à l'arrivée de chaque officier, de chaque homme un peu important ; ils ont éclaté avec enthousiasme au moment où M. Etienne Arago, en costume de commandant de la garde nationale, est arrivé au Château-d'Eau. Peu après, vers onze heures, M. Lacrosse, escorté de deux officiers d'ordonnance et de deux guides à cheval, est arrivé jusqu'à la hauteur de la rue de Lancry. A ce moment, les cris de : *A bas les traîtres ! respect à la constitution ! vive la république romaine !* ont redoublé en quelque sorte avec fureur. M. Lacrosse a été séparé de son escorte, qui a dû rebrousser chemin. Quant à lui, entraîné violemment par quelques hommes en blouse, pâle, défait, l'habit en lambeaux, il pouvait à peine balbutier le vivat qu'on exigeait de lui, lorsqu'il a été délivré par l'intervention de quelques anciens montagnards de la Constituante ; il a dû poursuivre son chemin du côté de la Bastille. »

C'est ainsi que commence l'article. Ce commencement, qui n'est pas dans tous les journaux, appartient à la correspondance Paya, comme l'a dit M. Marin ; il est d'ailleurs exactement reproduit dans tous ses termes par d'autres journaux, notamment par *le Haro de Caen*. Vient ensuite un autre paragraphe intitulé : « *Evénements de la journée, manifestation des défenseurs de la constitution.* » Ce titre, qui est dans *le Haro*, et qu'on retrouve dans *le Démocrate du Rhin* et dans *le Républicain de l'Allier*, prouve encore qu'il appartient à une correspondance uniforme :

« Une foule immense de gardes nationaux en uniforme, de bourgeois, de jeunes gens des écoles, d'ouvriers en veste et en blouse, mais où prédominaient les uniformes, s'était réunie au Château-d'Eau, sans armes, faisant entendre de temps à autre ce cri : *Vive la constitution !*

« Vers midi un quart, M. Lacrosse, ministre des travaux publics, a passé sur le boulevard, entouré de quelques officiers d'état-major, se dirigeant de la porte Saint-Martin sur la Bastille ; il a été entouré par la foule, qui l'a sommé de crier : *Vive la constitution !* Il s'est fait presser pendant longtemps, mais il a fini par crier avec la foule. On l'a laissé alors rebrousser chemin, mais dans la bagarre son habit a été déchiré. »

Voilà comment on raconte l'incident de M. Lacrosse, sur lequel nous étions obligés de vous donner hier quelques détails.

Dans cet article, vous retrouverez encore le récit suivant :

CONSTITUTION DE LA MONTAGNE.

Au moment où le général Changarnier chargeait sur le boulevard la foule inoffensive, une soixantaine de représentants de la Montagne se trouvaient au Palais-National. La légion d'artillerie s'était réunie en armes dans le jardin pour attendre les événements. Après la dispersion de la manifestation, le colonel de la légion, M. Guinard, a fait faire le cercle et s'est exprimé à peu près ainsi :

— Citoyens, les représentants du peuple qui ont défendu la constitution se constituent au Conservatoire des arts et métiers. Ils ont fait appel à l'artillerie de la garde nationale. Voulez-vous vous rallier autour d'eux ?

— Oui ! oui ! *Vive la Montagne !* crie-t-on dans tous les rangs.

— Avant de vous déterminer, pesez bien ce que vous allez faire, reprend M. Guinard ; si quelqu'un de vous hésite, il peut quitter les rangs. Encore une fois, voulez-vous vous rallier à la Montagne ?

— Nous le jurons! ont crié toutes les voix.

— Allons en avant !

— Bravo! *Vive l'artillerie !* ont crié les spectateurs qui avaient entendu l'allocution, et la légion s'est mise en marche au milieu des applaudissements de la foule.

« Les représentants de la Montagne se sont mis en tête, après avoir ceint leur écharpe, et la colonne s'est mise en marche vers la rue Saint-Martin, entourée d'une foule de peuple qui grossissait d'instant en instant.

« La foule criait : *Vive la Montagne ! vive l'artillerie ! vive la constitution !* Les fronts se découvraient sur le passage des défenseurs de la liberté et du droit; les femmes agitaient leurs mouchoirs; les soldats des postes portaient les armes, et au cri de : *Vive la ligne !* répondaient par celui de : *Vive la garde nationale ! vive la constitution !*

« C'est au milieu de cette ovation que les représentants de la Montagne ont été conduits aux Arts et métiers. Le poste préposé à la garde du Conservatoire n'a fait aucune opposition.

« Les hommes du peuple qui se trouvaient là, ont, malgré les instances d'une partie des représentants, élevé des barricades. Les troupes qui avaient été dirigées sur ce point, voyant que l'on élevait des barricades, se sont présentées la baïonnette en avant. »

Vous savez à quelle heure s'est passée cette scène du Palais-National, à quelle heure ce discours a été prononcé ; cependant, c'est dans la correspondance ordinaire qui part le 13, que se trouvent les détails qui sont reproduits dans *le*

Démocrate du Rhin, du 16 juin 1849. Vous voyez que la conséquence que nous tirions tout à l'heure de cette information nécessaire, qui est au courant à toutes les heures, se reproduit encore pour cet article.

Le journal continue :

« Quelques coups de fusil ont été échangés. Les artilleurs n'avaient aucune munition, et il leur a été impossible de se défendre. Ils ont été désarmés ou dispersés. Ce fait s'est passé vers trois heures et demie. »

Nous retrouvons les mêmes faits reproduits dans *le Haro*; seulement, dans ce journal, la correspondance va jusqu'à cinq heures moins un quart. C'est d'heure en heure qu'on expédie ces nouvelles, qu'on les prépare et qu'on les donne au journal qui doit les porter en province.

Nous ferons pour ce numéro l'observation que nous avons déjà faite tout à l'heure, c'est que quelques entre-filets qui se rencontrent dans certains journaux ne se trouvent pas dans tous. Mais il y a, pour en terminer sur le point de la correspondance ordinaire, une réflexion à faire. L'accusé Paya vous a dit ici qu'en définitive beaucoup de journaux recevaient deux correspondances. Il a dit cela, notamment, lorsqu'il s'est trouvé en présence de la déclaration de M. Marin, affirmant que, quant à lui, il insérait sans modification les articles qui lui étaient envoyés.

Sur trois articles du *Démocrate du Rhin*, l'un relatif à la mort du maréchal Bugeaud, les deux autres relatifs à des matières non politiques, M. Marin a déclaré qu'ils pouvaient provenir d'une autre correspondance, qui est la correspondance Havas. Ce sont précisément les seuls articles, dans le rapprochement auquel nous nous sommes livrés, ce sont les seuls que nous n'ayons pas retrouvés dans les autres journaux abonnés à la correspondance Paya.

M. Marin a donc dit la vérité quand il vous a expliqué l'origine des divers articles. Il y a autre chose encore, et ici je me sers de l'expression du témoin Marin : La correspondance Havas est dans une ligne opposée à la ligne du *Démocrate du Rhin*. Cela est un fait, la correspondance Havas, on l'a prouvé, appartient à un autre ordre d'idées et de principes. Nous ne croyons pas rencontrer la moindre hésitation chez qui que ce soit, en disant que ce n'est pas la correspondance Havas qui aurait envoyé à M. Marin l'article intitulé *Esprit de la garde nationale de Paris*.

M. Marin a dit : « Il n'y a que deux correspondances, la correspondance Paya, la correspondance Havas. » Il est certain que les articles qu'on a indiqués comme provenant de la correspondance Havas, n'ont aucun rapport avec la correspondance Paya, et il est certain, il est hors de doute, hors de discussion raisonnable que l'article *Esprit de la garde na-*

tionale, où on se pose en homme dirigeant et initié, puisse appartenir à la correspondance Havas, la seule que M. Marin met en regard de la correspondance Paya.

Il résulte de tout cet ensemble, d'abord, que les articles que nous venons de lire sont des articles très-graves, très-sérieux, qui se tiennent, heure par heure, au courant de tout ce qui se fait, qui en parlent à la manière d'hommes qui sont informés des événements et qui s'y mêlent; en effet, on y annonce la veille un acte qui doit être un signal, et pendant la séance, au moment où le signal est donné, on dit : « D'autres devoirs que ceux de vous écrire m'appellent. » Le lendemain, on écrit cet article sur *l'Esprit de la garde nationale*, qui contient la preuve d'une participation sans laquelle on ne serait pas à ce point initié. Un autre ne saurait pas les résolutions adoptées et les excitations propagées au dehors. Il en résulte encore, que ces articles ne peuvent venir d'une autre correspondance que celle de Paya. La preuve en est fournie par les reproductions uniformes que nous vous avons signalées; la preuve est surtout dans ce fait que plusieurs articles reconnus par l'accusé, textuellement reproduits par M. Marin, sont suivis d'articles qui se retrouvent dans les mêmes termes, chez d'autres correspondants. La preuve est dans la déclaration très-positive de M. Marin, qui n'a pas intérêt à charger M. Paya, ni à altérer la vérité, qui a toujours inséré sans modification les articles qui lui ont été envoyés, et qui affirme que pour celui intitulé *Esprit de la garde nationale*, il n'en a pas même changé le titre. Le titre appartient à la correspondance, et il l'a inséré tel qu'il l'a reçu.

Maintenant, nous arrivons à la discussion de quelques explications que donne l'accusé Paya relativement à ces articles, et notamment à l'un des moins importants, l'article du récit de la journée du 13 juin. Ce récit se faisait au moment où l'action se passait, et où l'on savait peut-être déjà qu'on n'était pas très-heureux. Par conséquent, ce n'est pas là qu'il faut aller chercher la participation au complot, car le complot, en ce moment, se termine d'une manière dont le résultat vous est connu.

L'accusé Paya attache une grande importance à établir que, le 13, il n'est pas allé à son bureau. Nous avons entendu à cet égard le témoin Mangin, le seul de ses employés qui ait été retrouvé; Mangin a déclaré d'abord que la correspondance, ou les minutes de la correspondance autographiée, avaient été complétement détruites, qu'il croyait que c'était par les amis de M. Paya. Ce qu'il y a de certain, c'est qu'on ne les a pas retrouvées; si elles ont été détruites, c'est qu'on avait quelque intérêt à élever la contestation qu'on élève aujourd'hui, et à les soustraire à la justice. La

correspondance du 1ᵉʳ au 15 juin n'a pas été retrouvée.
M. Mangin est le seul employé de la correspondance. Il était
là le 13 juin, nous le savons par un témoin qu'a amené
Paya, M. Périlhou, qui avait commencé par être moins
explicite, mais qui a dit ensuite, très-positivement, que
M. Mangin était là. M. Mangin est l'employé habituel chargé
de la correspondance; il était là le 13 juin, M. Périlhou
vient le dire.

Nous n'avons pas un grand intérêt à établir que M. Paya
a été à son bureau le 13 juin; seulement il produit un témoin qui l'a vu à onze heures ou midi. Il produit sa con-
cierge qui déclare qu'elle croit qu'il n'est pas sorti ce jour-
là, et qu'il était malade. Cette maladie, il est difficile de
l'admettre, car un autre témoin, également appelé par lui,
est venu dire qu'il l'avait trouvé le soir, à huit heures et
demie, dans la rue Richelieu, causant avec M. Marc-Dufraisse, représentant.

Il est possible que Paya, entre midi et huit heures et
demie du soir, n'ait pas fait un long séjour à son bureau; il
est possible que M. Périlhou ne l'ait pas trouvé, mais M. Périlhou ajoute que M. Mangin y était, que la correspondance
se faisait; comme le commis habituel était là, la correspondance pouvait se faire. Quant à l'absence, à l'alibi de l'accusé Paya, nous dirons qu'il n'est nullement établi par deux
déclarations, dont l'une le prend à midi chez lui, et dont l'autre le retrouve à huit heures du soir causant rue Richelieu.

Voilà déjà ce qui jette un certain nuage sur ces explications; mais la question est plus haut que cela. Nous ne pouvons pas vous dire que M. Paya a écrit de sa main la correspondance du 13, racontant les événements de la journée. Nous
n'avons pas à rechercher quelle est la main, l'instrument qui a
écrit cet article. Ce que nous disons, c'est que les articles des
10, 11 et 12 appartiennent à la pensée et à la direction de
M. Paya. Ce que nous disons, c'est que l'article écrit à la
séance et qui portait : « D'autres devoirs que ceux de vous
écrire m'appellent, » était du directeur de la correspondance;
ce que nous disons, c'est que le directeur apparaît dans tous
les articles qui vous ont été signalés, et que le 13, à coup sûr,
comme les autres jours, le directeur de la correspondance de
la rue de l'Université, nᵒ 108, n'aurait pas toléré un seul
instant que quelque autre que celui qui avait la responsabilité, écrivît des propositions comme celles qui étaient faites,
engageât et compromît des personnes, comme cela avait lieu
dans l'article intitulé *Esprit de la garde nationale*, et ini-
tiât en quelque sorte les départements au développement et
à la portée des événements qui s'accomplissaient.

Il n'y a pas d'argumentation minutieuse à rechercher sur

ce point; il y a un grand sentiment qui représente l'instinct de la vérité, et qui anime ici toutes les démonstrations. Cet article ne doit appartenir qu'au chef de la correspondance, à celui qui lui donnait cette direction de propagande politique dans les jours où s'agitaient les plus hautes questions de vie ou de mort pour un gouvernement. Ce directeur n'eût certes pas laissé à M. Mangin, ni à ces amis de hasard, qui venaient dans les jours ordinaires se mêler à la *correspondance*, le soin de prendre dans ce moment sa presse et sa signature; car nous arrivons à la lettre du 13 juin, et la lettre du 13 juin est signée. Vous allez voir maintenant surtout, s'il est possible d'admettre un instant que cette lettre ait été écrite par quelque autre que par un homme qui avait la responsabilité du bureau de la *correspondance démocratique.*

Vous vous rappelez les termes de cette lettre, permettez-moi de la relire :

« Paris, le 13 juin 1819.

« Mon cher correspondant,

« De peur que le ministère aux abois n'arrête ma correspondance à la poste, en même temps qu'il arrêterait nos journaux, je prends la précaution de vous écrire cette lettre sous enveloppe blanche et à votre adresse particulière, indépendamment de mes envois ordinaires qui partent dans la forme accoutumée. Mon courrier de ce jour est très-complet.

« Si vous êtes privé de ma correspondance, tenez ceci pour certain : tout Paris est debout et une grande bataille se prépare, une manifestation immense vient d'avoir lieu ; demain, la République sera sauvée si nos prévisions ne sont pas trompées. Mais les royalistes peuvent faire verser des torrents de sang, car ils jouent leur va-tout en ce moment.

« Préparez vos localités en conséquence.

« Salut et fraternité.

« J.-B. PAYA,
« *Directeur de la correspondance démocratique.* »

Ici, nous avons une signature, et, à défaut de la signature, nous aurions la seconde phrase que je viens de lire; il n'est évidemment pas possible que cette phrase où l'on annonce que *Paris est debout*, que *la bataille se prépare*, où on annonce que *la République sera sauvée* le lendemain, appartienne à qui que ce soit autre que celui qui avait la responsabilité. Ce n'est pas le témoin Mangin que vous avez vu ici qui aurait trouvé dans sa rédaction à lui, et ce passage et la connaissance des faits qu'il suppose; ce n'est pas lui qui aurait pris sur lui une telle audace vis-à-vis d'un homme qui aurait eu le droit de lui reprocher l'abus, non-seulement de la presse autographique, mais de la signature apposée au bas de cette lettre.

Voulez-vous quelque chose de plus, il a été démontré ici, à votre audience, devant vous, que cette écriture autographiée est exactement la même (il n'y a pas besoin d'un expert pour cela), que cette écriture est la même que celle de la circulaire autographiée de M. Paya, que je vous représente. Elle est partie par la même voie, elle a été autographiée par la même voie, elle a une source qui ne peut être que celle intelligente et responsable du directeur de la correspondance. Il n'y a rien eu de changé ; et quand M. Périlhou ne serait pas venu, après quelques hésitations, convenir que M. Mangin était là le 13, nous le saurions en confrontant les écritures autographiques de la lettre du 13 et des envois habituels. On voit que c'est l'employé ordinaire qui l'a autographiée, et on ne prétendra pas que les circulaires d'un établissement de correspondance puissent être faites sans l'avis et la signature du directeur, par le premier venu auquel il plaira de s'installer et d'écrire un instant dans le bureau. La circulaire est empreinte d'une idée de politique spéciale qui appartient à celui qui l'a conçue, qui la professe ; elle est revêtue de la signature de Paya. Or, nous le répétons, elle est de la même écriture que la lettre du 13 juin.

Ainsi, la lettre du 13 est partie très-certainement de la correspondance de l'accusé Paya. Elle a été envoyée, comme vous le savez, revêtue de sa signature ; elle a été retrouvée dans les bureaux du journal le *Républicain*, correspondant habituel de l'accusé, à Lyon. On a demandé l'original, nous l'avons fait venir ; le voilà. Ce n'est pas la correspondance ordinaire ; c'est une correspondance à part, motivée par les circonstances et expliquée par le texte même de la lettre.

La lettre émane incontestablement de la presse autographique saisie chez Paya ; on ne viendra pas dire que c'est une lettre émanée, de qui, dirai-je ? on ne pourra pas dire, dans la supposition la plus extrême, qu'elle a été mise à la poste à Paris pour nuire à l'accusé, et pour la faire retrouver chez son correspondant de Lyon ; nous avons la preuve de la source, du départ, de l'arrivée ; elle émane de la presse autographique saisie chez Paya, et, quant à l'arrivée, elle a été saisie judiciairement dans les bureaux du *Républicain*, avant d'avoir pu être insérée.

Voilà l'authenticité de l'endroit où elle est retrouvée, comme nous avons l'authenticité de l'endroit d'où elle est partie. Mais ce n'est pas seulement là qu'elle a été envoyée. Vous avez entendu la lecture des dépositions de trois témoins que nous n'avions plus le temps de faire arriver ; MM. Belamy, Gruère, Larché ont entendu lire par le rédacteur du journal, le *Citoyen de Dijon*, l'un des correspondants de l'accusé Paya, une lettre qu'il tenait à la main. Dans cette lettre, il y avait cette dernière phrase très-facile à retenir : « Mais les royalistes peuvent faire verser des torrents de sang, car ils jouent leur va-tout en ce moment. » Il est donc prouvé que la lettre est arrivée à Dijon, et que le correspondant de l'accusé Paya en a donné connaissance à trois personnes qui ne peuvent pas se tromper sur la phrase qu'elles ont entendue, car elles la reproduisent dans les mêmes termes. Nous retrouvons dans *la Fraternité de l'Aude*, du 16 juin, la fin de cette lettre textuellement.

Ici l'accusé Paya nous arrête et nous dit que *la Fraternité* n'est pas son correspondant. Cela est vrai, quant à présent seulement; les rédacteurs et le gérant de *la Fraternité* ont été entendus; ils ont déclaré qu'ils avaient reçu, il y a dix mois, la correspondance de l'accusé Paya, sans l'avoir demandée; qu'ils l'avaient reçue pendant quelque temps, mais qu'ils ne se sont pas abonnés et que l'envoi a cessé.

L'accusé Paya avait dans ses bureaux et sur ses listes le nom de *la Fraternité*, il avait fait plusieurs envois de numéros le 13; il aura fait ce jour-là un envoi extraordinaire qui avait un autre intérêt que celui de la correspondance habituelle. Rien ne s'explique plus naturellement que cela.

Mais ce n'est pas seulement *la Fraternité* qui publie cette lettre, c'est encore *le Montagnard du Midi* dans un supplément du 16 juin ; *le Montagnard du Midi* est un correspondant avoué, reconnu de l'accusé Paya ; il reproduit exactement la lettre saisie à Lyon, en la faisant précéder de ce titre: « Nouvelles importantes de Paris, arrivées ce matin. »

On voit qu'il est annoncé que la lettre est expédiée *sous enveloppe blanche ;* c'est le moyen qu'elle ne soit pas reconnue comme correspondance de journaux ; c'est le moyen employé pour une correspondance à part. Je crois n'être pas démenti par l'accusé Paya, en disant que sa correspondance habituelle, journalière, est envoyée sous des enveloppes de couleur.

Voilà la lettre; elle est exactement reproduite dans *le Montagnard du Midi*, correspondant de l'accusé ; on l'a entendu lire à Dijon par le rédacteur en chef du *Citoyen ;* elle se retrouve enfin dans *la Fraternité de l'Aude*, qui ne peut l'avoir reçue que d'un envoi extraordinaire de Paya, expliqué par d'anciennes relations. Voilà, nous le répétons, tout ce qui concerne l'arrivée, de même que nous avons trouvé tout à l'heure la trace du départ.

Voilà les articles habituels de la correspondance ; voilà la lettre expédiée par voie de correspondance extraordinaire; on veut que la province soit prévenue dans tous les cas.

De cette lettre il est permis de dire qu'elle est une des pièces constitutives de l'accusation relative à Paya, une des pièces qui révèlent la participation active de l'accusé au complot.

Elle ne peut émaner que d'un homme initié complétement, parfaitement, aux délibérations successives et aux actes d'exécution de ce complot.

Tout cela s'enchaîne invinciblement. Voyez en tout cela un ensemble qu'il ne faut prendre que dans les faits établis et démontrés. Oui; il faut rejeter tout ce qui serait d'une argumentation puérile ou tourmentée; nous sommes d'accord; n'abordons que le terrain le plus large de la discussion; ne nous attachons qu'aux points qui constituent les faits d'ensemble; vous allez voir que cette initiation de l'accusé se démontre par ce qu'il reçoit en même temps que par ce qu'il écrit.

Je vous ai lu hier une lettre si grave et si importante, qu'elle prend sa part dans les faits généraux du complot, qu'elle est une des révélations que le complot ne se bornait pas à Paris, que les espérances étaient ailleurs, et que les préparatifs étaient faits ailleurs.

Nous vous lisions hier la lettre du rédacteur en chef du *National de l'Ouest*, M. Mangin, qui, s'adressant à l'accusé Paya, lui dit : « Vous nous annoncez des événements bien douloureux, lorsqu'il nous était tant permis de compter sur une victoire! »

Viennent ensuite ces mots que vous n'oublierez pas, quand vous aurez à prononcer votre décision sur le procès.

« *Le peuple a ses caprices, il a eu celui de ne pas se battre.* »

On comptait qu'il se battrait, on avait fait tout ce qu'il fallait pour cela, et si une explication manquait au vrai but de cette manifestation, dont il a été tant de fois question, elle se trouverait encore dans cette phrase : « Le peuple a ses caprices... » D'autres lettres ont été saisies chez l'accusé Paya, notamment celle-ci, émanée du rédacteur en chef de *l'Union républicaine*, à Auxerre. « Vu la gravité des événements, veuillez nous adresser quotidiennement votre correspondance... Nous sommes ici prêts à tout, c'est-à-dire à mourir pour la défense de la République. La question est portée sur le terrain de la constitution : là nous sommes invincibles.

« L'enthousiasme et l'énergie des populations seront à la hauteur des périls de la patrie. »

Une dernière lettre a été saisie chez l'accusé Paya. Elle est du rédacteur du journal *le Haro*. Elle contient ce passage, que je ne puis pas ne pas vous lire. Elle n'est pas adressée à Paya.

« Mon cher Karr, je suis bien aise de vous voir continuer la correspondance.

« Eh bien, mon pauvre ami, avais-je raison quand, il y a un mois, me mettant en colère dans votre bureau, je disais à tous ces braillards qu'ils n'étaient que des gâcheurs.

« Avais-je donc tort quand je disais : Vous comptez sur l'armée, vous n'êtes que des niais, l'armée vous tirera bel et bien des coups de fusil.............................

....

Mais il y a une foule de brûlots qui veulent des places ; ce n'est pas là faire de la République, mais pire que le royalisme. »

On rappelle une conversation dans laquelle on disait : « Vous comptez sur l'armée, vous êtes des niais : l'armée vous tirera bel et bien des coups de fusil. » On raisonnait dans une expectative déterminée ; c'étaient des projets qui n'étaient plus des hypothèses, qui étaient quelque chose de certain, puisqu'on arrivait à prévoir et à parler si librement et si froidement de la lutte à laquelle on faisait allusion; nous sommes heureux de voir que l'auteur de la lettre avait mieux compris les devoirs et l'attitude de l'armée.

Telles sont les pièces que nous avions à lire à l'occasion de l'accusé Paya, tels sont les derniers actes qui vous font suivre le rôle qu'il a joué, la participation qu'il a prise au complot, car il ne s'agit pas pour lui de l'attentat.

L'accusé Paya termine la catégorie de la presse. Nous ne nous dissimulons pas que cette catégorie, devant vous, doit être l'objet d'un examen très-sérieux, très-spécial, très-approfondi. Il ne faut pas faire de mauvaise guerre à la presse. On vous disait l'autre jour du banc de la défense: La liberté de la presse est plus qu'un pouvoir, c'est une puissance ! Si ce mot est vrai, nous y ajoutons que, plus la puissance est grande, plus les devoirs sont grands et impérieux.

Dans les temps où nous vivons, la presse peut beaucoup. Oui, elle est une puissance, elle est une puissance pour le bien comme pour le mal. Elle peut nous sauver au milieu des tiraillements de tout genre qui agitent et désolent notre pays; mais c'est la presse qui comprend ses devoirs, qui calcule sa portée, qui sait ce que peuvent des excitations qui partent d'une plume habile, qui sait ce qu'elle peut soulever de bien comme ce qu'elle peut soulever de mal.

A côté de ce rôle si grand, et que nous ne lui contestons pas, il faut aussi considérer qu'elle peut être, dans certains cas, la provocation la plus puissante et la plus énergique ; il faut aller au fond des questions, au fond des choses. Quand une provocation existe, qu'elle vienne de la presse ou qu'elle vienne des individus qui n'appartiennent pas à la presse, il faut la chercher, il faut la saisir, et si on la trouve établie, il faut lui faire la guerre franchement, loyalement, la loi à la main, sans colère, sans petites rancunes, sans petites passions; tout autre conduite serait indigne et du haut jury qui doit juger et de la haute cour qui préside à ce procès. C'est une guerre énergique qu'il faut faire au nom des lois et du patriotisme, une guerre qu'il faut accepter et subir quand on l'a méritée.

Cette guerre-là, elle est prévue, au surplus, par nos lois. La loi de 1819 s'est préoccupée de la provocation. La loi de 1848, sur les attroupements, c'est une loi républicaine, dit positivement, dans son art. 6, que les provocations par la voie de la presse à un attroupement seront punies de la même peine que le crime ou le délit.

Voilà ce que dit la loi de 1848 sur les attroupements.

Ainsi ces appels au peuple, ces appels à des attroupements, ces appels à des insurrections, si on les rencontre, il faut savoir chercher dans les lois la répression qui leur est réservée, et il ne faut pas s'inquiéter alors de toucher à la liberté de la presse, qui est protégée par les lois, mais qui est régie par elles comme nous le sommes tous, qui y rencontre une barrière comme nous la rencontrons. La liberté de la presse est une des premières libertés, sans doute, mais elle n'est pas supérieure à toutes les autres libertés de l'homme; elle n'est pas plus qu'elles affranchie de ce respect des lois qui est la vie des peuples et la force des institutions; devant ces limites, il faut qu'elle se courbe comme nous nous courbons tous; et quand on a eu le malheur d'abuser de cette liberté précieuse, il faut accepter la responsabilité de sa faute, s'incliner et attendre le jugement du pays.

(L'audience, suspendue à deux heures moins dix minutes, est reprise à deux heures un quart.)

HAUTE COUR DE JUSTICE
séant à Versailles.

PRÉSIDENCE DE M. BÉRENGER.

AFFAIRE DU **13** JUIN.

Audience du 10 *novembre* 1849.

Discussion des conclusions déposées et développées par Me Michel (de Bourges), l'un des défenseurs des accusés (1).

M. le président. La parole est à M. l'avocat général.

M. l'avocat général de Royer. Messieurs de la haute cour, la question est nettement, franchement posée ; on a demandé à plaider le droit d'insurrection ; on a placé la tente de la défense, pour me servir d'une expression du défenseur, sous l'abri de l'interprétation que l'on veut donner à l'art. 110 de la constitution ; avec la logique qui lui appartient, le défenseur qui vient de présenter cette thèse a bien compris que cet art. 110 et le droit d'insurrection qu'il en fait résulter, supposent ici, comme préliminaire indispensable, comme prémisses posées, le fait de la violation de la constitution ; il vous a dit que la constitution ayant été violée, le droit d'insurrection était ouvert. Je le répète, la question est nettement, franchement posée, elle demande une réponse franche, nette, catégorique : nous allons la faire.

La question de violation de la constitution n'a pas de juges ici ; le juge, le seul juge de la violation de la constitution, quand le cas se présente, c'est l'Assemblée nationale : ce n'est pas nous qui le disons. (Bruit au banc de la défense.)

M. le président. J'invite le banc de la défense à écouter silencieusement.

M. l'avocat général de Royer. C'est la constitution de 1848 qui l'a dit. A propos de la théorie exposée par nous l'autre jour, que la majorité de l'Assemblée nationale, dans les décisions prononcées par elle, était l'expression de la souveraineté de la nation, on nous disait tout à l'heure que cette souveraineté ne devait s'entendre que sous la réserve des principes

---

(1) Ces conclusions étaient ainsi formulées :
« Plaise à la cour
« Nous permettre de développer devant elle cette proposition de droit, que toute violation de la constitution de la part du pouvoir législatif donne naissance au droit : 1° d'insurrection ; 2° de résistance à l'oppression ; 3° de protestation.
« Versailles, 10 octobre 1849.
« MICHEL (DE BOURGES.) »

fondamentaux de la constitution de 1848 ; eh bien, oui, nous acceptons ce terrain et cette position : c'est dans la constitution de 1848 seule, dans la constitution sous laquelle nous vivons, que nous trouvons les règles que nous devons maintenir et au nom desquelles nous devons précisément protester contre le plan de défense qu'a interrompu l'avertissement de M. le président.

L'art. 20 de la constitution dit, en termes formels : « Le peuple français délègue le pouvoir législatif à une assemblée unique. » La base de notre constitution de 1848, n'équivoquons pas, c'est la souveraineté du peuple complète; mais l'exercice de cette souveraineté est réglé, organisé par la constitution; il est réglé comme il doit l'être dans toute constitution appelée à vivre et à durer.

La souveraineté du peuple a pour première expression le suffrage universel, les colléges électoraux; et quand les colléges électoraux ont prononcé, s'applique alors l'art. 20 que nous venons de lire. Il institue une assemblée unique qui reçoit du peuple souverain la délégation de sa souveraineté.

Voilà ce qui est vrai; voilà ce qui est dit dans la constitution. Cette Assemblée est élue pour trois ans; cette Assemblée est permanente, et tous les actes du pouvoir législatif lui sont exclusivement déférés, en vertu de l'article que nous venons de citer. Voilà les principes, voilà l'organisation de la souveraineté du peuple; voilà ce qui existe, voilà ce qui arrive, par voie de délégation, jusqu'à une assemblée qui est la représentation unique et permanente, pendant trois ans, de cette souveraineté inaliénable, imprescriptible, qui appartient à l'universalité des citoyens, mais qu'il n'est jamais permis de placer et d'isoler dans une fraction quelconque du peuple. C'est l'art. 1er qui le pose en principe et en règle.

Ainsi, soit que l'on considère la transmission de la souveraincté par voie de délégation, soit que l'on considère la restriction de l'article dans lequel nous lisons ceci : « Aucun individu, aucune fraction du peuple ne peut s'attribuer l'exercice de la souveraineté; » on arrive à voir et à conclure que l'Assemblée nationale est seule investie, par délégation, du droit de représenter la souveraineté du peuple, en tout ce qui touche au pouvoir législatif.

Encore une fois, ce n'est pas nous qui le disons, c'est la constitution; ce sont les articles que nous avons cités; et nous n'avons ici, en aucune façon, l'intention de nous placer en dehors de ce terrain sacré de la constitution.

Maintenant, que dit encore cette constitution ? Elle définit les pouvoirs, elle les règle, elle les sépare. Elle définit, dans son chapitre 4, tout ce qui tient au pouvoir législatif; elle prévoit, dans son article 111, remarquez-le bien, le cas de la révision de la constitution. Qu'on ne vienne pas dire alors qu'il peut plaire à une majorité et à une chambre de défaire impunément la constitution ; qu'on ne vienne pas dire qu'un ministre peut présenter, ce qui serait une atteinte à une disposition fondamentale de la constitution, la proro- gation, par exemple, des années et de la durée de la prési- dence.

Non ; l'art. 111 répond. Je vous défie, permettez-moi l'expression, de ne pas trouver là encore la consécration du pouvoir que nous établissons et que nous revendiquons pour l'Assemblée nationale.

Comment cette révision de la constitution est-elle possi- ble? Comment la constitution elle-même règle-t-elle cette révision qu'elle prévoit, et qu'elle ouvre devant les progrès incessants de l'humanité et des mœurs politiques?

Il faut que l'Assemblée nationale exprime trois fois le vœu que cette révision est nécessaire. Oui, pour qu'une assemblée de révision puisse être convoquée, il faut que l'Assemblée, expression unique de la volonté populaire, de la souveraineté populaire, ait parlé trois fois, que trois fois, de mois en mois, elle ait émis son vœu. C'est alors seulement que la constitution peut être revisée, que l'assemblée qui doit la reviser peut être convoquée ; et chacune de ces trois délibé- rations doit être prise à la majorité des trois quarts des suf- frages exprimés.

Le cas prévu de la révision de la constitution vient donc encore, vous le voyez, justifier la souveraineté de cette délé- gation déposée dans les mains de l'Assemblée par le peuple souverain. J'avais raison de dire que la souveraineté, dans le texte et dans l'esprit de la constitution, appartient à l'As- semblée.

Je disais qu'indépendamment de ce qu'elle distinguait les pouvoirs, la constitution les a scrupuleusement séparés. Après avoir établi le pouvoir législatif, elle établit le pouvoir judiciaire.

Mais que dit-elle avant, dans son art. 19? « La séparation des pouvoirs est la première condition d'un gouvernement libre. » Elle a des chapitres distincts pour les pouvoirs d'une même origine. La justice, sous le régime où nous vivons, est rendue au nom du peuple ; l'Assemblée émane du peuple qui lui délègue le pouvoir législatif. Ce sont là des pouvoirs qui ont une même origine, mais qui se séparent dans leur développement et dans leur exercice ; l'art. 19 ne permet pas qu'ils puissent jamais être confondus.

Ainsi, tout ce qui tient au pouvoir législatif, et dans les actes de cette nature sont incontestablement rangés les inter- prétations de la violation de la constitution, les cas de né- cessité de la révision, tout cela, que MM. les hauts jurés me permettent de le dire devant eux, ils ne peuvent pas en con-

naître ; ils ont ici d'assez grands devoirs et une assez haute
indépendance pour que nous puissions, la constitution à la
main, leur marquer la limite de leurs pouvoirs ; ce qui est
vrai, ce qui est incontestable, ce qui est l'interprétation de
la constitution, c'est que le haut jury ne peut être, en principe, juge d'une question de violation de la constitution ; nous
venons de l'établir en principe, nous l'établissons par deux
exceptions écrites aussi dans la constitution.

Il y a un premier cas où MM. les hauts jurés peuvent et
doivent être juges de la violation de la constitution, c'est le
cas prévu par l'art. 68 :

« Art. 68. Le président de la République, les ministres,
les agents et dépositaires de l'autorité publique, sont responsables, chacun en ce qui le concerne, de tous les actes du
Gouvernement et de l'administration.

« Toute mesure par laquelle le président de la République
dissout l'Assemblée nationale, la proroge ou met obstacle à
l'exercice de son mandat, est un crime de haute trahison.

« Par ce seul fait, le président est déchu de ses fonctions ;
les citoyens sont tenus de lui refuser obéissance ; le pouvoir
exécutif passe de plein droit à l'Assemblée nationale ; les
juges de la haute cour de justice se réunissent immédiatement, à peine de forfaiture ; ils convoquent les jurés dans le
lieu qu'ils désignent, pour procéder au jugement du président
et de ses complices ; ils nomment eux-mêmes les magistrats
chargés de remplir les fonctions du ministère public.

« Une autre loi déterminera les autres cas de responsabilité, ainsi que les formes et les conditions de la poursuite. »

Remarquons d'abord que le président et les ministres sont
seuls déclarés responsables ; quel est le pouvoir irresponsa-
ble ? L'Assemblée nationale. Le président commet une violation ; laquelle ? Elle est prévue. Contre qui ? Contre l'Assemblée nationale ; il dissout l'Assemblée nationale, il la proroge, ce qu'il n'a pas le droit de faire ; il met obstacle à
l'exercice de son mandat, ce qu'il n'a pas le droit de faire ;
c'est un crime de haute trahison.

Il faut bien, et nous sommes ici dans la véritable question, il faut bien alors que le haut jury soit appelé à juger
ce cas de violation de la constitution par le président, car le
président est déclaré déchu ; le pouvoir exécutif passe de
plein droit à l'Assemblée nationale ; la haute cour doit s'assembler d'office ; les hauts jurés doivent être convoqués ; le
crime est commis contre l'Assemblée nationale. Voilà une
question limitée, précise ; dans ce cas, il y a une compétence,
il y a une attribution de pouvoirs.

Mais, en dehors de cette situation, qui confirme le principe, il reste cette règle éternelle, non pas seulement de la
constitution de 1848, mais de toutes les constitutions qui

veulent durer, que les pouvoirs sont séparés et que les actes législatifs appartiennent exclusivement à cette grande Assemblée qui émane du peuple, qui en est l'expression souveraine, permanente, pendant toute la durée de son mandat.

Il y a encore un autre article, c'est l'art. 91, qui défère à la haute cour les accusations portées... par qui ? Par l'Assemblée nationale, contre le président de la République ou les ministres ; et, cette fois encore, dans un cas exceptionnel, prévu, limité, le haut jury peut être saisi d'une question de violation de la constitution.

Ainsi, si nous examinons les principes généraux, nous y trouvons la séparation des pouvoirs, et si nous nous attachons aux exceptions contenues dans l'art. 68 ou dans l'art. 91, nous trouvons, comme toujours, la règle fortifiée par l'exception. Ce que nous voyons encore au-dessus de tout cela, c'est ce qui domine dans une constitution démocratique comme la nôtre ; c'est ce qui domine dans une République ; c'est l'inviolabilité de l'Assemblée nationale ; c'est son irresponsabilité. Ce que nous voyons, c'est que c'est elle qui défère au haut jury les questions de haute trahison, lorsque ces questions se présentent ; c'est enfin que, lorsqu'il y a un crime prévu, accompli contre l'Assemblée nationale, la haute cour s'assemble d'office, et le haut jury est appelé à statuer.

Voilà les deux seuls cas où MM. les hauts jurés peuvent être juges d'une question de violation de la constitution. En dehors de cela, pour les questions qui s'engagent sur ce terrain, le juge, le seul juge, c'est l'Assemblée nationale.

Il y a plus, messieurs, nous raisonnons ici en droit ; mais en fait, dans la circonstance où nous nous trouvons, il y a autre chose que cette limite d'attributions. Il y a des décisions rendues dans la question dont il s'agit. Je le répète, si nous traitons ici la question dans son ensemble, c'est parce que Me Michel (de Bourges) a parfaitement compris que la thèse qu'il prétendait établir, supposait la violation de la constitution plaidée, acquise, démontrée devant MM. les hauts jurés. Nous venons de dire que, en tout état de cause, cette question n'avait pas de juges ici, en nous appuyant des principes de la constitution. Nous le disons, en deuxième lieu, en nous fondant sur ce que la question a été jugée souverainement par l'Assemblée seule investie du droit de la juger ; ce n'est pas seulement une décision, ce sont quatre décisions qui ont été rendues. L'Assemblée constituante, le 11 mai 1849, a été saisie de la question. Elle a passé à l'ordre du jour : elle ne s'est pas bornée à passer à l'ordre du jour, elle a refusé de renvoyer dans les bureaux une proposition de mise en accusation fondée sur la violation de la constitution, résultant de l'expédition d'Italie. Elle a prononcé dans l'indépendance et dans la latitude de son pouvoir.

Le 11 juin, l'Assemblée législative, qui a succédé à l'Assemblée constituante a, de nouveau, passé à l'ordre du jour à une majorité de 361 contre une minorité de 203 voix. Le 12, elle a rejeté la proposition de mise en accusation du président et des ministres. Le 20 octobre, enfin, tout récemment, pendant le cours du procès, la question a été encore soumise à l'Assemblée législative, et elle a voté à une majorité moyenne de 469 voix contre 171, plus de 8 millions de crédits demandés pour l'expédition romaine. Telles sont les décisions successives qui ont été rendues. Nous les citons comme faits accomplis, comme conséquences des principes que nous avons posés, et maintenant nous sommes doublement fondé à dire avec un sincère et loyal respect pour les institutions sous lesquelles nous vivons, que la question de la violation de la constitution, à propos de l'expédition d'Italie, ne peut pas être soumise, par la défense, à l'appréciation de MM. les hauts jurés.

Il est si vrai que l'on ne peut pas plaider ici, que la constitution a été violée, surtout après les décisions de l'Assemblée nationale, que ce serait reproduire le langage des journaux des 12 et 13 juin qui jouent un rôle dans le complot, et qui déclaraient la majorité de l'Assemblée complice de la violation de la constitution. Or, ces journaux ont été saisis, suspendus pour cela, indépendamment de la part qui leur revient dans les actes du complot et de l'attentat; ils ont été poursuivis, incriminés pour délit d'attaque contre les droits et l'autorité de l'Assemblée nationale. Cette poursuite subsiste.

Eh bien, ce qui est imputé à délit aux journaux, ce que l'Assemblée elle-même ne tolérerait pas que l'on dît à la tribune, puisqu'elle a décidé le contraire, il faudrait que dans une enceinte judiciaire, comme thèse générale, comme thèse absolue, cela fût soumis au haut jury, qui ne peut pas en être juge! Non, cela n'est pas possible.

Mais à quoi aboutissait cette thèse? Elle aboutissait à ce qui vient d'être formulé, c'est-à-dire à chercher dans l'article 110 de la constitution, la légitimité du droit d'insurrection.

Ici, qu'on nous permette, à notre tour, de rentrer dans la constitution de 1848; c'est sous la constitution de 1848 que nous vivons, nous, heureusement! Nous ne vivons pas sous celle de 1793, qui faisait de l'insurrection, dans les cas qu'elle prévoyait, non-seulement un droit, mais *le plus sacré des devoirs*. La constitution de 1848 n'a pas emprunté cette disposition à la constitution de 1793; elle était connue. Si l'Assemblée constituante avait voulu courir le péril d'introduire ce germe incendiaire et mortel dans la constitution qu'elle était chargée de donner à la France, elle était libre de le faire; elle ne l'a pas fait, elle n'a pas voulu le faire; elle a rejeté ce principe; elle s'est inspirée du progrès; elle a voulu faire une constitution qui durât, elle a voulu essayer de fonder une république honorable, grande, légitime, qui rassurât le pays, qui pût espérer un avenir; elle n'a pas voulu nous placer sous les traditions dévorantes de la constitution de 1793. Ainsi, le droit que nous contestons, s'il a existé dans une constitution passagère, n'existe pas sous la constitution de 1848. Restons dans ces termes; il n'y est pas, il n'y a pas été introduit, on ne l'a pas voulu; on l'a exclu par des dispositions qui, précisément, supposent des principes contraires.

Que lisons-nous dans la constitution de 1848, dans le préambule qui reconnaît précisément des droits et des devoirs antérieurs aux lois positives?

« Art. IV. La République française a pour principe : la liberté, l'égalité et la fraternité.

« Elle a pour base la famille, le *travail*, la propriété, l'*ordre public*.

Croyez-vous qu'une constitution qui place dans son frontispice, à côté de ce qu'elle appelle les droits antérieurs et les devoirs qu'elle va définir, ce grand mot, ce grand symbole qu'elle formule ainsi : l'*ordre public*, aurait consacré comme un devoir l'insurrection dans les termes de la constitution de 1793, c'est-à-dire toutes les fois qu'une atteinte était portée, non pas seulement au corps social, mais à un seul membre du corps social? Le préambule ne parle pas seulement de *droits*. Dans l'art. IV, nous lisons : « Des devoirs réciproques obligent les citoyens envers la République et la République envers les citoyens. »

Dans l'art. VII, nous voyons : «... les citoyens doivent concourir au bien-être commun en s'entr'aidant fraternellement les uns les autres (et permettez-nous de recommander ceci à votre attention) « *et à l'ordre général, en observant les lois morales et les lois écrites qui régissent la société, la famille et l'individu.* » Qu'on ne parle donc pas toujours de ces droits antérieurs qui dominent les lois écrites; le respect aux lois morales et *aux lois écrites qui régissent la société* est inscrit, lui aussi, dans le préambule de la constitution.

Nous voyons à l'art. 8, chapitre Ier, que les citoyens ont le droit de s'associer, de s'assembler paisiblement et sans armes, de pétitionner, de manifester leurs pensées par la voie de la presse ou autrement; mais nous n'y voyons pas le droit d'insurrection. Au contraire, nous lisons à la suite ce qui implique le refus de ce prétendu droit :

« L'exercice de ces droits n'a pour limite que les droits ou

la liberté d'autrui et la sécurité publique. » C'est le corol-
laire, c'est la conséquence de cet autre mot placé dans le
préambule, *l'ordre public*, qui est déclaré l'une des bases de
la République. Vient enfin l'art. 110, celui dont on fait le
terrain de la résistance elle-même. Que dit cet article? Il dit
que l'Assemblée nationale confie le *dépôt* de la constitution et
des droits qu'elle consacre à la *garde* et au patriotisme de
tous les Français ! » Oui, la constitution achevée, on la dépose dans les mains de la nation, on la confie à son patriotisme, on lui demande de la garder. Où est-ce que l'on
voit le droit à l'insurrection accordé à une minorité contre
une majorité, le droit de défendre la constitution les armes
à la main contre cette majorité, qui déclare qu'elle n'est pas
violée? L'art. 110! il n'est pas possible de s'en emparer pour
y lire le principe de l'insurrection ; il appelle autour de la
constitution l'obéissance et la protection de l'universalité des
citoyens ; mais il faut le rapprocher de l'art. 1er, dont il est
inséparable : « La souveraineté réside dans l'universalité
des citoyens, et aucune fraction du peuple, aucun individu
ne peut s'en attribuer l'exercice. » L'art. 110, ainsi expliqué
par la constitution elle-même, ne porte pas le germe funeste
qu'on veut y introduire. Entendez-le bien ! « Aucune fraction
du peuple ne peut s'attribuer l'exercice de la souveraineté,
qui ne réside que dans l'universalité des citoyens. » Il ne peut
donc pas se faire qu'une minorité, qu'une fraction du peuple,
même lorsqu'elle appartient à l'Assemblée, puisse déclarer
une majorité complice d'une violation de la constitution et
proclamer le droit d'insurrection, parce que cette minorité
s'obstinera, contre toutes les lois politiques et parlementaires, à prétendre la constitution violée, et à se porter seule
juge de ce fait ; cela n'est pas possible, cela n'est pas, cela
n'a jamais été écrit dans la constitution.

Ce que veut dire l'article 110 : d'abord c'est qu'il appelle
autour de cette constitution l'obéissance de tous, c'est qu'il
en fait un acte qui doit être l'objet du respect de tous ; cela
est vrai. Ce qu'il prévoit aussi implicitement, car il faut
entrer dans l'esprit de la constitution et dans des idées nettes
et précises, c'est le cas particulier de l'art. 68, le cas où,
par une atteinte portée à l'indépendance et à l'irresponsabilité de l'Assemblée, le président de la République est déchu
de ses fonctions ; il est dit alors que tous les citoyens sont
dispensés de lui obéir, et dans cet interrègne prévu, dans
cette suspension du pouvoir exécutif, qui a attenté aux droits
de la représentation nationale, la garde de la constitution est
confiée au patriotisme de tous les Français. Voilà un cas d'application régulière, juste, légitime, de ce droit de garder la
constitution, et c'est là un développement sérieux des principes déposés et consacrés dans la constitution de 1848.

Quant au droit d'insurrection, il n'est écrit nulle part; il a été rejeté, et il ne pouvait exister, à ce titre, dans une société civilisée qui veut vivre. Il y a une patience qu'il faut savoir s'imposer ; il y a des convictions qu'il faut respecter; pour nous, nous ne les attaquons pas. Nous admettons qu'on puisse croire à la violation de la constitution, qu'on puisse en soumettre la proposition à ceux qui en sont juges. Mais, quand la question a été tranchée, quand elle a pour elle les décisions suprêmes de l'Assemblée, juge de ces questions, il faut savoir attendre. Quand, par exemple, dans un procès comme le nôtre, pour rentrer dans la cause, quand il y a une grande et difficile défense à présenter, quand cette défense est sûre d'avoir, dans les termes légaux, la sympathie et le respect de tous; quand ce n'est qu'à regret que ceux qui soutiennent l'accusation et l'intérêt social se voient contraints à poser des limites nécessaires; pourquoi, que l'on me permette de le dire, ne pas se placer fermement sur un terrain de discussion que nous n'avons pas à indiquer ni à conseiller, mais qui aurait toute latitude dans le cercle des lois, et dans lequel les accusés trouveraient, sans obstacle, tous les droits et toutes les garanties qui appartiennent à leur situation ?

Mais ces droits ne sauraient s'étendre jusqu'à la liberté d'une discussion qui serait la mort et le tombeau de la société républicaine que l'on veut établir.

Cela posé, est-ce qu'il n'est pas permis de venir dire, ce qui honore tout le monde, que quelque inattaquables que soient, dans la mesure du droit légal, les décisions qui ont déclaré qu'il n'y avait pas violation de la constitution, les accusés ont pu croire et ont cru le contraire, et que c'est sous l'empire de cette croyance qu'ils ont agi comme ils ont cru avoir le droit d'agir ?

C'est une thèse pour les difficultés de laquelle l'éloquence et la prudence du langage ne feraient pas défaut à la défense. Oh ! ne vous y trompez pas, ce n'est pas là une subtilité, c'est une limite très-grave, très-sérieuse; c'est une question qui réserve l'indépendance de ces grands pouvoirs parlementaires, dont quelques-uns des défenseurs sont et doivent être, qu'ils me permettent de le leur dire, tout aussi jaloux que nous-mêmes. C'est une question qui ne va pas entraver cette souveraineté de l'Assemblée nationale dont nous avons tous besoin, et que nous devons tous respecter et défendre, parce qu'elle est le produit du suffrage universel. La défense doit puiser sa force et son autorité dans la discussion des faits qui relèvent du pouvoir judiciaire. Les accusés, il ne faut pas l'oublier, ont ici à se défendre d'une accusation soumise aux règles du droit criminel ; ils peuvent soumettre à ce point de vue, au jury, avec toutes les conséquences qu'ils espèrent y attacher, les intentions qui les animaient dans les actes qu'ils ont commis ; ils peuvent contester le complot, contre les faits que nous avons établis ; ils peuvent contester l'attentat que nous avons démontré; ils peuvent chercher à prouver que la manifestation devait être et est restée pacifique ; ils peuvent dire qu'elle a été repoussée dans des circonstances autres que celles que le ministère public a présentées comme résultant de l'instruction ; tout cela, ils ont le droit de le plaider, le haut jury prononcera ensuite.

Est-ce qu'il n'y a pas là un texte suffisant et complet de défense? Est-ce que nous avons besoin pour cela de laisser périr ici, ou du moins compromettre les grands principes qui doivent toujours survivre, sur lesquels nous devons tous être d'accord, et au-dessous desquels, entendez-le bien, au-dessous desquels seulement nous devons engager nos luttes et nos discussions?

Voilà, je crois, les vrais principes. Voilà ce que nous avons complétement expliqué, afin de répondre au défenseur qui avait posé complétement et hardiment le programme de la discussion. Nous insistons devant la haute cour sur toutes ces considérations.

On nous disait tout à l'heure : Vous avez donc peur de la vérité? Peur de la vérité!.. Oh! non, soyez-en sûrs; ce n'est pas nous qui en avons peur, et nous croyons l'avoir prouvé.

Dans ce laborieux procès, pénible pour tout le monde, pénible parce qu'il s'agite au souvenir de la guerre civile, on ne tient peut-être pas assez compte à l'accusation de ce qu'ont parfois de douloureux pour elle aussi les devoirs qu'elle remplit avec fermeté, et dans un grand intérêt social.

Non, ce n'est pas nous qui redoutons la vérité. Nous voudrions que toute l'Europe assistât aux débats de ce procès; nous voudrions que la publicité fût complète, minutieusement exacte, et que tout le monde pût connaître par soi-même la vérité, la plus scrupuleuse vérité des faits.

Ce n'est pas l'accusation qui fait travestir et défigurer au dehors le compte rendu de ces débats ; ce n'est pas nous qui faisons arriver au public trompé des récits dont on n'altère apparemment la vérité, que parce qu'on redoute cette vérité. Ne nous a-t-il pas fallu, à regret, interrompre les travaux de MM. les hauts jurés, pour déférer à la haute cour un compte rendu infidèle et injurieux d'une partie essentielle des débats ?

Ce que nous avons fait à l'égard de *la Tribune des peuples*, nous l'avons fait parce que c'est un de nos devoirs de maintenir et de faire prévaloir les droits de la vérité; non, encore une fois, ce n'est pas l'accusation qui a peur de la vérité.

Nous requérons qu'il plaise à la haute cour rejeter les conclusions présentées, et interdire au défenseur de plaider

le fait de la violation de la constitution et le droit d'insurrection qu'il prétendrait en faire résulter.

Après la réplique de M⁰ Michel (de Bourges), la haute
cour se retire pour délibérer. Elle rentre en séance à une
heure moins un quart.

M. le président prononce l'arrêt dont la teneur suit :

ARRÊT :

« La haute cour de justice,

« Ouï les conclusions de la défense ;

« Ouï, M. l'avocat général ;

« Attendu que si le droit de libre défense est de l'essence
de la justice, ce droit sacré change de nature et de caractère
quand il dégénère en agression contre les principes inviola-
bles qui sont le fondement de toute société ;

« Attendu que le premier de ces principes est, qu'il n'appartient à personne de substituer sa volonté propre à l'action
souveraine des pouvoirs, en qui se résume la volonté de
tous ;

« Que là où sont ouvertes les voies de droit, les voies de
fait sont virtuellement interdites ;

« Que cette règle, obligatoire d'homme à homme, l'est
plus encore de citoyen à gouvernement, puisque, dans ce
dernier cas, son infraction impunie remettrait sans cesse en
question et en péril les intérêts garantis par le pacte social,
et que chaque voie de fait peut être un pas vers la guerre
civile ;

« Attendu que la constitution a, par des textes formels,
pourvu au danger de sa violation, et que dans aucun de ces
textes elle n'autorise le mode de résistance au moyen duquel
une fraction du peuple, tumultueusement convoquée sur la
place publique, s'y attribuerait le pouvoir suprême de juger
les questions constitutionnelles et d'exécuter elle-même son
jugement ;

« Attendu, au contraire, que, dans l'art. 1ᵉʳ de son préambule, la constitution déclare que le but des institutions
qu'elle consacre est de faire parvenir, *par leur action succes-
sive et constante, et sans nouvelle commotion, tous les citoyens
à un degré toujours plus élevé de moralité, de lumières et de
bien-être ;*

« Que les droits présentés, par son art. 3, comme antérieurs et supérieurs aux lois positives, ne sont autres que les
droits inhérents à la nature de l'homme et dont l'exercice
n'a rien d'inconciliable avec le principe d'ordre déclaré par
l'art. 4, l'une des bases de la République ;

« Attendu que, si l'art. 110 a confié le dépôt des institutions constitutionnelles à la garde et au patriotisme de tous

les Français, ce n'est point à dire qu'en appelant autour de
la loi fondamentale du pays l'affection et le dévouement de
tous, cet article ait entendu la mettre à la discrétion de
chacun ;

« Que la constitution, ainsi interprétée, au lieu de s'être
assuré l'avenir, renfermerait en elle-même le germe de sa
propre destruction ;

« Attendu, en outre, qu'une telle interprétation ne ten-
drait à rien moins qu'à détourner au profit des passions ou
des illusions individuelles la souveraineté, qui ne réside que
dans l'universalité des citoyens, et qu'à supprimer la délégation des pouvoirs, unique et vivante expression de la volonté
nationale ;

« Attendu que la seule exposition de cette doctrine, dans
le sanctuaire et comme sous la protection de la justice, serait
à la fois, et contrairement aux intentions non moins qu'au
devoir de la défense, un scandale, un fait pénal et un danger
public ;

« Attendu, enfin, que, s'il ne peut être interdit à la défense
de se prévaloir de toutes les circonstances de la cause qui
lui paraîtraient propres à établir des exceptions de bonne foi
personnelles aux accusés, sans en excepter la croyance où ils
auraient été que la constitution avait été violée, elle excéde-
rait ses limites en faisant dériver de cette violation par elle
alléguée, et sur laquelle s'est définitivement prononcée l'autorité compétente, le droit à l'insurrection ;

« Par ces motifs, la haute cour dit que la défense ne sera
pas admise à plaider que toute violation prétendue de la
constitution, de la part du pouvoir législatif, donne naissance au droit d'insurrection. »

EXTRAITS DU MONITEUR UNIVERSEL
des 8, 9 et 11 novembre 1849.

Typographie PANCKOUCKE, rue des Poitevins, 8.

www.ingramcontent.com/pod-product-compliance
Lightning Source LLC
Chambersburg PA
CBHW050126210326
41519CB00015BA/4116